WEIN.

Ein Schnellkurs in 10 Gläsern

IMPRESSUM

HEEL Verlag GmbH
Gut Pottscheidt
53639 Königswinter
Tel.: (0 22 23) 92 30-0
Fax: (0 22 23) 92 30-13
E-Mail: service@heel-verlag.de
Internet: www.heel-verlag.de

Autor: Carsten Henn

Fotograf: Jo Kirchherr

Styling: Anton van Doremalen

Gesamtabwicklung: ditter.projektagentur

Titelfoto: © Arco / Bahr

Lektorat: Irina Ditter, Petra Hundacker

Gestaltung: Malzkorn Kommunikation & Gestaltung GmbH

Layout: Georg Windheuser

Karten: Stefanie Baldus

Lithografie: F. Teckemeyer

Druck und Verarbeitung:
Koelblin-Fortuna-Druck GmbH, Baden-Baden

Printed and bound in Germany

ISBN 3-89880-167-5

Carsten Henn

WEIN.

Ein Schnellkurs in 10 Gläsern

HEEL

Inhalt

Vorwort

In einer von Wellness und Fitness bestimmten Welt ist Wein im Gegensatz zu vielen anderen alkoholischen Getränken „in". Wein wird sogar immer beliebter. Dies liegt zum einen an seinen gesundheitsfördernden Eigenschaften, zum anderen aber auch daran, dass Wein ein geselliges und faszinierendes Getränk ist. Die Welt des Weins ist schier unendlich. In jedem Jahr treten neue Länder mit ihren Produkten ins Rampenlicht, der „Weindschungel" wird immer dichter.

Dieses Buch will einen Einstieg in diese Welt bieten, den Dschungel etwas lichten. Anhand von neun charakteristischen Weintypen werden die wichtigsten Rebsorten und Anbaugebiete erläutert. Daneben soll das Buch auch und gerade dabei eine Hilfe sein, Wein und Speisen zu kombinieren. Denn schließlich findet Wein erst dann seinen höchsten Genuss, wenn er zu einer passenden Speise getrunken wird.

Sie werden in die Welt des Weins auf die denkbar angenehmste Art und Weise eingeführt: mit einer Probe. Wir empfehlen Ihnen charakteristische Weine für die einzelnen Typen, welche Sie überall problemlos zu erschwinglichen Preisen erstehen können. Anhand der Probenotizen, die aufzeigen, wonach die Weine duften und schmecken, können Sie Ihre Nase und Ihren Gaumen trainieren. Auch als Ratgeber können Sie dieses Buch gebrauchen. Praktische Infos zu Weinkellern, Weinkarten im Restaurant oder dem Weineinkauf sollen Hilfestellung bieten. Natürlich müssen Sie die Probe nicht machen, um dieses Buch nutzen zu können – aber mehr Spaß macht es dann schon!

Um in die Welt des Weins einzutreten, brauchen Sie weder Geld noch eine teure Ausrüstung oder – wie bei sportiven Hobbys – einen austrainierten Trizeps. Nur zu einem müssen Sie bereit sein: öfter einmal ein Glas Wein zu trinken. Denn nur auf diese Weise können Sie ein echter Weinkenner und -liebhaber werden. Können Sie dieses kleine Opfer bringen?

Viel Spaß wünscht

Carsten Henn

HARDYS

I. Vor dem ersten Korken

Wie bei vielen anderen lustbetonten Zeitvertreiben erhöht auch beim Wein das Vorspiel den späteren Genuss. Es gilt, unliebsame Überraschungen auszuschalten, die richtige Atmosphäre zu schaffen. Und das ist nicht zu viel verlangt, denn Wein ist genügsam, wenn einige Grundregeln befolgt werden! Außerdem macht schon die Vorbereitung Spaß.

Eine moderne Variante des „Schmetterlings".

Ideal: Kellnermesser mit zweigliedrigem Stemmfuß.

Einige Korkenzieher sind Wunderwerke der Ingenieurskunst.

Dieses Modell erfordert (zu) viel Kraft.

Die Vorbereitung

Der Moment der Vorfreude: „Was darf's denn sein?" Der schnieke Italiener oder der rustikale Deutsche? Der hippe Kalifornier oder der postkommunistische Ungar? Fragen über Fragen, mit denen Sie sich konfrontiert sehen. Welchen Wein Sie zu welcher Gelegenheit auswählen sollten, will Ihnen dieses Buch zeigen. Ein paar allgemeine Regeln gibt es aber grundsätzlich zu beherzigen:

Kaufen Sie immer eine Flasche zu viel!

Weinfehler (siehe Kapitel III) treten häufiger auf, als Sie glauben. Nichts ist schlimmer als folgendes Szenario: Ein Abend mit Freunden, der Wein mundet allen hervorragend, die Stimmung ist prima, Sie machen die letzte Flasche auf – fehlerhaft! Das ist der guten Laune nicht unbedingt zuträglich. Also lieber immer eine Flasche mehr einkaufen als nach allgemeiner Erfahrung nötig. Und wenn diese Flasche nicht getrunken wird, nicht verzagen, denn Weine halten sich schließlich eine ganze Weile. Umkommen wird die Flasche im Haushalt eines Weingenießers ganz gewiss nicht!

Weinvorräte ein paar Tage vorher einkaufen, damit der Wein nicht „unruhig" ist!

Weine sind wie Männer im Haushalt – sie mögen keine Bewegung. Männer werden oft unwirsch, wenn Sie doch einmal ein paar Meter zurücklegen müssen, und mit Weinen ist es ganz genauso: Sie werden unausgeglichen, verschließen sich, präsentieren sich einfach nicht in Bestform. Kaufen Sie Wein also immer spätestens zwei bis drei Tage bevor Sie ihn genießen wollen. So hat er Zeit, vor dem Öffnen wieder zu sich zu finden und sich in Bestform zu präsentieren.

Jeder Euro mehr lohnt!

Im Bereich bis 10 Euro kann man jeden Euro mehr schmecken, der für einen Wein ausgegeben wird. Über der 10er-Grenze sieht das schon anders aus und über 20 Euro hängt es mehr mit Glauben als mit dem Geschmack des Weins zusammen. Aber ob ein Wein 2 oder 3 Euro kostet, hat für den Flascheninhalt bedeutende Folgen. Probieren Sie's aus!

Warum ist der teurere Wein zumeist der bessere? Beim Wein zeigt sich ein Grundgesetz: Entweder Qualität oder Quantität – beides zusammen geht fast nie. Der Rebstock kann nur eine begrenzte Menge von Aromastoffen, Zucker, Säure und Mineralien in seine Trauben transportieren. Hängen viele Trauben an ihm, bekommt jede einzelne wenig davon ab. Sind es aber nur ein paar Trauben, erhalten diese den vollen Rebstock-Service: Aromen satt! Weniger Trauben bedeutet aber für den Winzer weniger produzierte Flaschen Wein. Will der Weinproduzent trotzdem gleichviel verdienen wie mit einem dünnen Wässerchen, muss er eben den Preis heben. Daran lässt sich nichts rütteln. Es muss jedoch auch gesagt werden, dass bei einigen Weinen der höhere Preis mit teuren Werbekampagnen zusammenhängt, zum Teil bezahlt man auch den renommierten Namen des Winzers mit.

Alle Weine, die Sie für die Weinkenner-Probe brauchen, finden Sie im Supermarkt. Es handelt sich dabei um Markenweine. Das sind im großen Stil produzierte Tropfen, die stets gleich schmecken sollen, unabhängig vom Jahrgang. Dies wird durch das Mischungsverhältnis der verschiedenen Grundweine erreicht. Ein Wein bringt beispielsweise die Säure, ein anderer die Süße, ein dritter die Frucht. Nur dass es bei einem Markenwein nicht drei, sondern Hunderte von Grundweinen sind. Die Macher dieser so genannten Cuveés sind wahre Künstler und echte „Supernasen". In einem Jahr, in dem viele Weine mehr Säure haben als sonst, wird beispielsweise vom nicht-sauren Grundwein mehr genommen, damit das Säureverhältnis im Endwein wieder ähnlich dem des Vorjahres ist. „Otto Normalkoch" hat schon Probleme, seine Sauce Hollandaise jedes Mal wieder halbwegs gleich hinzubekommen …

Markenweine sind für den Konsumenten stets eine sichere Bank. Natürlich zeigen sie nicht die Tiefe und Differenziertheit von handwerklich produzierten Winzer-Weinen, aber man kann sich normalerweise auf sie verlassen. Die wirkliche Faszination des riesigen Weinuniversums erschließt sich allerdings nur, wenn man sich auf die Suche nach dem Besonderen begibt. Die hier ausgewählten Weine sind in diesem Sinne Startpunkte, typische Vertreter ihres Weintyps, die Lust machen sollen, sich auf die Reise zu begeben.

Ein paar Grundregeln:

Für die Vorbereitung der Weinprobe gilt es Folgendes zu beachten:

1. Weißen Wein vor rotem
2. Trockenen Wein vor süßem
3. Alten Wein vor jungem

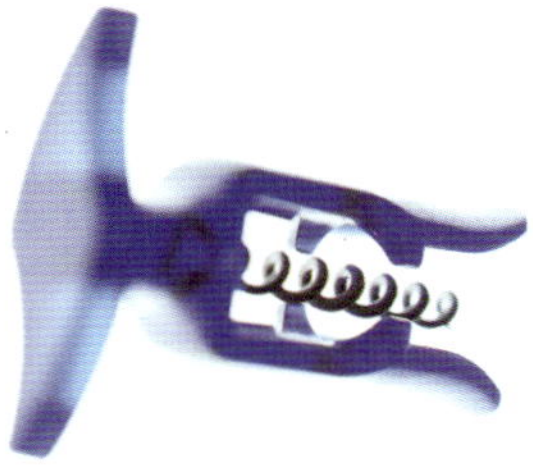

Der „Screwpull" macht es einem ganz leicht.

Mit diesem Hilfsmittel bleibt die Tischdecke weiß.

Formschön und praktisch: Tropfenfänger.

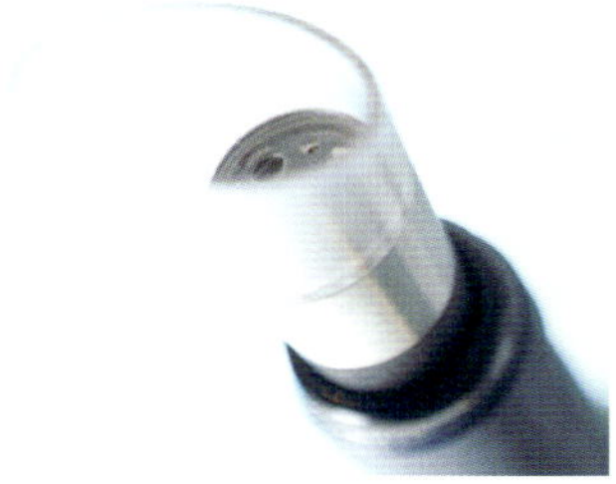

Mit dem Belüfter „altert" der Wein beim Ausschenken.

Stellen Sie sich folgende Situation im Leben eines Mannes – das gleiche gilt natürlich auch für Frauen – vor: Sie sind in einer Kneipe und beobachten schon den ganzen Abend eine zierliche Schönheit, die verloren an einem der Tische sitzt. Sie trägt ein hoch geschlossenes Kleid, hat die Haare streng zurückgekämmt. Zuerst ist sie Ihnen gar nicht aufgefallen, aber jetzt können Sie sich ihrem Zauber nicht mehr entziehen. Was steckt nur hinter dieser Frau, was mag ihr Geheimnis sein? Was meinen Sie, hätten Sie diese Frau auch nur eines Blickes gewürdigt, hätten Sie sich auf ihre Faszination eingelassen, wenn neben ihr eine Sexbombe bester Hollywood-Tradition gesessen hätte, kurzer Rock, ausladende Formen, roter Schmollmund?

Und genauso ist es mit Weinen. Weiße wirken nach roten dünn, trockene nach süßen übermäßig säuerlich und alte nach jungen, nun, eben alt. Andersherum präsentieren sich die weißen Weine filigran, die trockenen strukturiert und die alten frischer. Wenn Sie Wein zum Essen trinken, können Sie diese Regeln durchaus mal brechen, aber dann steht der Wein ja auch nicht für sich allein, sondern in Kombination mit einer Speise.

Die Utensilien

Korkenzieher

Korkenzieher gibt es – ähnlich wie Autos – in allen Farben und Formen. Und in allen Preislagen. Am praktischsten sind die so genannten Kellnermesser, an denen sich neben einem Korkenzieher noch ein Kapselschneider und ein Flaschenöffner befinden. Der Kapselschneider dient dazu, die Schutzhülle vom Flaschenkopf zu lösen. Setzen Sie dafür über dem verdickten Flaschenhals an und halten Sie die Klinge nach unten. Einmal rum um den Hals – ab ist die Kapsel. Besitzt Ihr Korkenzieher keinen Kapselschneider, sollten Sie sich in einem Fachgeschäft ein entsprechendes Utensil zulegen – es erspart viel Ärger. Viele Flaschen bieten mittlerweile auch kleine Streifen, die Ihnen ähnlich wie bei Zigarettenschachteln das Öffnen erleichtern. Das ist fraglos praktisch, aber wenn Gäste kommen, sieht es natürlich allemal besser aus, wenn Sie die Klinge schwingen!

Kellnermesser folgen dem Hebelprinzip. Mittlerweile gibt es auch weiterentwickelte Modelle, so genannte Pulltaps, bei denen ein erneutes Eindrehen und Ansetzen bei besonders langen Korken nicht nötig ist, denn die Pulltaps verfügen über einen zweigliedrigen Stemmfuß. Fragen Sie danach, denn sie sind eine wirklich praktische und gelenkschonende Lösung. Ganz im Gegenteil zum weit verbreiteten T-Korkenzieher. Bei diesem muss so viel Kraft aufgewendet werden, dass ein sanftes und weinschonendes Entkorken fast unmöglich ist.

Daneben gibt es auch Korkenzieher, die gar keine sind, sondern eher als Korkendrücker funktionieren. Sie arbeiten nach dem Überdruckprinzip. Mittels eines dünnen Metallröhrchens wird Treibgas in den Raum zwischen Korken und Wein gepresst und der Korken nach außen getrieben. Technisch ist dies faszinierend, aber diese Methode ist eigentlich nur bei alten und dadurch brüchigen Korken nötig. Gleiches gilt für die Korkenspange.

Sollte Ihnen dennoch einmal ein Korken abbrechen: Am besten den Rest in die Flasche drücken, den Wein in eine Karaffe umfüllen und an diesem Abend austrinken. Das Umfüllen schadet dem Wein nicht. Was dem Wein jedoch schadet, ist das beliebte „Plopp" beim schmissigen Öffnen einer Flasche. Auch wenn dies akustisch reizvoll und der Stimmung zuträglich ist, stresst dieser ruckartige Vorgang den Wein unnötig. Sanftheit ist beim Umgang mit Weinen angebracht.

Haben Sie Weinfreunde unter Ihren Bekannten, dann sind gute Korkenzieher immer adäquate Geschenke. Die Firma Screwpull beispielsweise hat es sich zur Aufgabe gemacht, teure Korkenzieher zu produzieren, die ihren Preis wert sind. Aber Sie können das Geld natürlich auch lieber in eine gute Flasche Wein investieren.

Tropfenfänger/Drop-Stops

Rotweinflecken sind der Legende nach durch nichts wegzubekommen – außer durch Feuer. Aber das muss nicht sein! Mittlerweile gibt es schöne Tropfenfänger in Form von Silberringen, die innen mit Samt gefüttert sind. Diese werden um den Flaschenhals gelegt, um alle herabperlenden Weintropfen aufzusaugen.

Noch effektiver sind die so genannten Drop-Stops, welche den Weinstrahl scharf abschneiden und dadurch Tropfen grundsätzlich vermeiden. Klingt verrückt, funktioniert aber hervorragend. Drop-Stops sind pfiffige kleine Alufolien, die in den Flaschenhals gesteckt werden. Da sie immer wieder verwendbar sind, kann man dazu nur sagen: Praktischer geht's nimmer. Und geht trotz aller Vorsichtsmaßnahmen doch einmal etwas daneben: Am besten den Fleck zuerst mit Wasser verdünnen und dann Salz darauf geben. Das Salz zieht den Wein aus dem Gewebe und der Fleck ist (fast) weg.

Dekantierkaraffen

Nichts schmückt eine festliche Tafel mehr als eine Dekantierkaraffe. Ob klassisch in Entenform oder modern, gemeinsam ist ihnen allen, dass sie dem Wein eine möglichst große Oberfläche bieten. Dekantiert, also von einer Flasche in eine Karaffe umgefüllt, werden Weine aus zwei Gründen.

Erstens: Damit sie „atmen" können, sprich: mit der Luft in Kontakt kommen. Dies geschieht bei jungen Weinen, welche auf diese Weise künstlich altern. Dadurch werden die sonst harten Gerbstoffe weicher und der „ungestüme" Wein wirkt harmonischer. Zweitens: Der Wein ist alt. Bei ihm muss das so genannte Depot – der Bodensatz – vom Wein getrennt werden. Ein Depot ist Zeichen eines guten und nicht eines schlechten Weines! Der Bodensatz besteht aus Weinkristallen, Polymerisationskomplexen von Gerbstoffen (Tanninen) und Anthocyanen – was trotz der chemisch anmutenden Namen absolut natürlich ist. Alten Weinen muss zudem Zeit gegeben werden, ihre feinen Bukettstoffe zu lösen, schließlich haben sie ja lange „geschlafen". Viele alte Weine sind kurz nach dem Öffnen verschlossen oder riechen unangenehm. Bei diesen Weinen ist dekantieren jedoch immer ein Lotteriespiel. Viele gereifte Tropfen fallen schnell in sich zusammen, weswegen es nur einen kurzen Zeitraum gibt, in dem sie Genuss bieten.

Faustregeln beim Dekantieren gibt es somit leider nicht, außer vielleicht diese: Weine unter 10 Euro nicht dekantieren. Teurere Weine, solange sie noch keine fünf Jahre alt sind, ein bis zwei Stunden vorher öffnen. Natürlich gibt es bei dieser Regel wiederum etliche Ausnahmen, aber in der Mehrheit der Fälle fahren Sie damit sehr gut. Weißweine übrigens besser nicht dekantieren, schon allein, weil sie dann zu warm werden!

Es spricht allerdings nichts dagegen, einen Wein in einer Dekantierkaraffe auszuschenken, weil es einfach eleganter aussieht. Achten Sie nur darauf, den Wein vorsichtig in die Kanne umzufüllen. Kippen Sie ihn nämlich einfach nur um, so könnte der Wein einen Schock bekommen und wie eine beleidigte Diva nicht mehr auf die Bühne treten wollen – und das den ganzen Abend lang!

Welches Glas zu welchem Wein?

Die so genannte „Gläser-Frage" ist eine heikle Sache. Da hat die Großmutter einem netterweise ihre besten Bleikristallgläser vermacht, wunderbar kunstvoll gestaltete Skulpturen, wertvoll, machen schwer was her – und da muss man als Weinbuchautor leider trotzdem sagen: „Ab in den Schrank damit!". Zum Anschauen mögen diese Altertümchen wundervoll sein, zum Weingenuss dagegen nicht. Weingläser sollten durchsichtig sein, aus ungeschliffenem Glas und möglichst dünn. Der Stiel sollte lang genug sein, damit die Wärme der Hand den Wein im Glas nicht um einige Grad nach oben treibt. Auch der allseits beliebte „Römer", ein festes Requisit eines jeden zünftigen Weinfestes, ist ein für den richtigen Weingenuss unbrauchbares Glas.

Neben diesen Grundvoraussetzungen benötigen viele Rebsorten und Weinanbauregionen spezielle Gläser, zumindest im Idealfall. Manche Weine brauchen eine große Oberfläche, damit sich die trägen Aromen in ausreichender Menge lösen und erheben können. Bei anderen Weinen muss der Duft nur zur Nase geleitet werden. Wieder anderen soll durch eine so genannte Lippe am oberen Glasrand, die das Glas wie eine Tulpe aussehen lässt, die Säurespitze genommen werden. Der Wein wird so auf die Zunge „gelegt", dass die Säure als weniger aggressiv wahrgenommen wird. All das klingt sehr theoretisch – aber wie sich in Proben immer wieder herausstellt, treffen diese Behauptungen durchaus zu. Der größte Wein gibt im falschen Glas eine mickrige Figur ab.

Damit Sie nun aber Ihren Geldbeutel nicht allzu sehr belasten müssen, kaufen Sie sich für den Anfang folgendes: ein gutes Weißwein-, ein gutes Rotwein- und ein gutes Schaumweinglas.

Weißweingläser sollten in der Regel weniger Inhalt fassen als Rotweingläser. Dadurch, dass die Gläser schneller leer getrunken werden, wird öfter nachgeschenkt und der Wein hat weniger Zeit, sich zu erwärmen. Denn bei falscher Temperatur fällt auch der beste Wein auseinander. Rotweingläser fassen mehr Inhalt als Weißweingläser und ermöglichen Weinen eine größere Oberfläche. Schaumweingläser sollten keine Schalenform aufweisen, dadurch verliert sich das Aroma und gelangt nicht dahin, wo es hin soll, nämlich in Ihre Nase. Dafür sind Flöten ideal. Grundsätzlich gilt: Alle Weingläser nur zu einem Drittel füllen oder bis zu dem Punkt, an dem sich das Glas wieder verjüngt. Wenn Sie bereits wissen, welches Ihr liebster Wein ist, beispielsweise Chianti oder trockener deutscher Riesling, dann kaufen Sie sich zusätzlich ein Glas, das speziell auf diesen Weintyp zugeschnitten ist. Diese Investition wird sich bezahlt machen! Gute Gläser fangen bei 3 Euro an und enden bei über 50 Euro, für rund 5–8 Euro bekommt man schon echte Spitzengläser. Mehrere Firmen wie Riedel, Spiegelau oder Schott-Zwiesel haben sich darauf spezialisiert, passende Gläser für die wichtigsten Weintypen anzubieten.

Das Ambiente

In der heimischen Sauna – zur Temperatur des Raumes

Unter den größten Missverständnissen des Weingenusses rangiert dieses weit oben in den Top Ten: „Rotwein sollte immer bei Zimmertemperatur serviert werden." In den Zeiten von Zentral- und Fußbodenheizung ist dieser Grundsatz aber nicht mehr anwendbar. Einst hatte er jedoch durchaus seine Berechtigung. Die amourösen Franzosen verstanden unter Zimmertemperatur natürlich die Temperatur ihres Lieblingszimmers, sprich des Liebeszimmers, also ihres Schlafraumes. Dieses war, was die Temperatur anging, der Raum mit den niedrigsten Temperaturen. Denn in früheren Zeiten stand in Wohnungen zumeist nur ein einziger Ofen und der war im Wohnzimmer. Im Schlafzimmer war es also immer relativ kalt, um die 12–14 °C, was auch die ideale Durchschnittstemperatur für Rotweine darstellt. Wie warm nun das Zimmer ist, in dem Sie Ihre Weinprobe durchführen, ist letztlich egal, nur der Wein selbst sollte richtig temperiert sein.

Die richtige Musik zum Wein

„Wenn das Wasser im Rhein goldner Wein wär" – Weingenuss ist eine sehr emotionale Angelegenheit. Nicht umsonst werden viele Tropfen als sinnlich, erotisch, aggressiv, zurückhaltend oder frech beschrieben. Wie ein Bild in uns Emotionen hervorruft, so geschieht dies auch bei einem Wein. Eine unangenehme Atmosphäre kann diese „Emotions-Übertragung" stören. Einerseits sollten Sie Weine immer mit den richtigen Leuten genießen, da auch schlechte Gesellschaft einen guten Wein verderben kann. Sitzt ein notorischer Meckerer mit am Tisch, wird er Ihnen auch den wundervollsten Wein zerreden. Ist die Stimmung schlecht, kann man sich auf den glamourösesten Wein nicht einlassen. Bei guter Stimmung dagegen schmecken auch durchschnittliche Weine auf einmal sehr gut. Sie kennen dieses Phänomen aus dem Urlaub: Am Abend auf der Veranda, die Sonne geht glutvoll

Dekantierkaraffen machen den Weingenuss noch feierlicher.

im leise rauschenden Meer unter, sie nippen am Plastikbecher, der mit einem örtlichen Tafelwein gefüllt ist. Alles passt. Sie kaufen ein paar Kisten des Tranks und müssen zu Hause feststellen, was für ein komisches Zeug Sie da über die Alpen gekarrt haben. Das liegt mitnichten am Transport, sondern einfach daran, dass die Urlaubsstimmung weg ist und sich die Sonne am oft grauen deutschen Himmel eben weitaus weniger romantisch zur Ruhe bettet.

Besonders wichtig für eine Weinprobe zu Hause ist neben einem passenden Ambiente die richtige Musik. Stellen Sie sich folgende Kombinationen vor: ein eleganter Riesling bei Heavy Metal oder ein sinnlicher, kraftstrotzender Shiraz bei sakraler Kirchenmusik. Passt nicht wirklich zusammen! Welche Musik Sie im Einzelnen auflegen, ist natürlich Ihrem Gusto überlassen, aber machen Sie sich vorher ein paar Gedanken darüber. Ein sicherer Tipp ist immer Musik aus dem Land, aus dem auch der Wein stammt. Zu einem festlichen Anlass bietet sich natürlich immer Barock-Musik an.

Ein Weinabend ist in gewisser Weise ein Gesamtkunstwerk. Und das Schöne ist, dass man sich dafür noch nicht einmal viel Mühe geben muss. Der richtige Wein im richtigen Glas zur richtigen Musik, dann ist man gleich woanders, dann nimmt einen der Wein mit auf die Reise.

II. Die Weinkenner-Probe

Mit zehn Gläsern zum Weinkenner? Das klingt wie „Ihre erste Million in einem Jahr“, aber es geht! Die Welt des Weins ist nicht so kompliziert wie es scheint. Es gibt neun Grundtypen, nach deren Genuss Sie besser Bescheid wissen in der Welt der Weine. In den folgenden Kapiteln werden diese Grundtypen vorgestellt, auch die Rebsorten und die Anbaugebiete, nach denen Sie Ausschau halten können, wenn Sie einen bestimmten Typ am Abend genießen möchten. Zu jeder Weinart wird ein typischer Vertreter genannt, den Sie praktischerweise in nahezu jedem Supermarkt erwerben können. Und für den Fall des Falles wird noch ein zweiter Wein beschrieben, der dem ersten in Qualität und Typizität in nichts nach steht. Dazu sind Verkostungsnotizen gelistet, die Ihnen erläutern, was alles in den Weinen steckt und welche Düfte Sie erriechen können.

Wenn Sie die Probe bei sich zu Hause durchführen wollen, empfiehlt sich Folgendes: Machen Sie die Probe an einem Abend oder teilen Sie sie in Weiß- und Rotweine auf, die dann an zwei Terminen verkostet werden. Wichtig ist nur, dass die durch die Probekapitel vorgegebene Reihenfolge eingehalten wird – so wird jedem Wein die Chance gegeben, sich optimal zu präsentieren.

Vorab: Der erste Schluck – die Verkostung

Die Verkostung folgt der natürlichen Reihenfolge, mit der unsere Sinnesorgane den Wein wahrnehmen. Zuerst sehen wir ihn, dann riechen wir ihn und zu guter Letzt trinken wir ihn. Für diese drei Stufen des Probierens gibt es Regeln und Tipps, die Ihnen das Verkosten erleichtern. Auch gibt es in jedem Bereich typische Beschreibungen, mit denen Sie einen Wein einordnen können und die problemlos zu erkennen sind.

WEINFARBE

Weißwein

Goldgelb – strohgelb;
Grüne Reflexe – fast wasserklar

Rotwein

Dunkelrot/tintig – hellrot;
Oranger Rand – brauner Rand

Sekt

Lachsrot – himbeerfarben

WEINDUFT

Fruchtig: Apfel, Birne, Ananas, Pfirsich, Mango …
Blumig: Rose, Flieder, Geranie, Veilchen, Akazienblüte …
Vegetativ: Gras, Spargel, Bohnen, Paprika, Oliven …
Würzig: Pfeffer, Lakritz, Nuss, Vanille, Gewürznelke …
Karamellisiert: Honig, Bienenwachs, Karamell, Schokolade …
Rauchig: Leder, Räucherspeck, Harz, Holz, alter Holzschrank …
Mikrobiologisch: Butter, Joghurt, Champignon, Waldboden, nasse Wolle …

WEINGESCHMACK

Süß – sauer
Gerbstoffbetont – weich
Cremig oder ölig – spritzig
Bitter – harmonisch

Auge

In früheren Zeiten war die erste Stufe des Verkostens von großer Bedeutung für die eigene Gesundheit: War der Wein trüb (nicht zu verwechseln mit Weinstein oder Depot!), deutete dies darauf hin, dass nicht sauber gearbeitet wurde und man den Wein lieber in die Rosen fließen lassen sollte als die eigene Kehle hinunter. Solche groben Weinfehler sind heutzutage bis auf ein paar unrühmliche Ausnahmen nicht mehr zu finden. Fast alle Weine sind klar. Die Farbe des Weins verrät uns etwas über die Rebsorten, aus denen er hergestellt wurde, und über sein Alter.

So sind rote Rebsorten wie Syrah oder Zinfandel sehr dunkelfarbig, der in Deutschland sehr beliebte und ebenfalls dunkelrote Dornfelder weist dagegen einen violetten Schimmer auf. In alten Weinen findet sich dieses Farbspiel nicht, weswegen man bei seinem Vorhandensein auf einen jungen Wein schließen kann. Alte Rotweine verlieren zum einen an Farbe – werden also heller – und entwickeln zum anderen Orange-Töne, die vor allem am Rand zu erkennen sind. Halten Sie dafür Ihr Weinglas leicht schräg über eine weiße Unterlage: Zeigt der Wein an den Rändern Orange-Färbungen, haben Sie einen älteren Jahrgang vor sich. Ist der Wein teilweise braun, hat er seine beste Zeit vermutlich bereits hinter sich. Auch bei Weißweinen zeigt sich eine Veränderung der Farbe mit zunehmender Reife: Je goldgelber ein Wein ist, desto älter ist er auch. Eine kleine Ausnahme von dieser Regel bildet der Gewürztraminer, der bereits in jungen Jahren ein goldgelbes Farbkleid aufweisen kann. Der Rand von weißen Weinen ist zumeist klar. Auch beim Weißwein deuten Brauntöne auf Überreife hin, mit anderen Worten ausgedrückt: Der Wein ist hinüber.

Zumeist haben es Weingenießer jedoch mit jungen Weinen zu tun. Lassen Sie sich von einem nicht irritieren: Die Farbintensität eines Weins hat nichts mit seiner Qualität zu tun. Der dunklere Wein muss nicht automatisch der bessere sein!

Nase

Die Nase ist bei der Verkostung unser Hauptinstrument. Auf sie kommt es an. Ist die Nase nicht fit – zum Beispiel, wenn Sie Schnupfen haben –, dann werden Sie auch den schönsten Wein nicht in voller Glorie wahrnehmen können. Lassen Sie die Flasche besser zu und machen Sie ein neues Treffen mit ihr aus, wenn es Ihrem Riecher wieder besser geht. Ist Ihre Nase dagegen in Topform, sollten Sie alles tun, um ihr den Wein entsprechend zu präsentieren. Dafür ist vor allem eines ganz wichtig: Schwenken Sie den Wein! Und zwar nicht nur ein- oder zweimal, sondern so oft es Ihnen beliebt. Nicht hastig, nicht schnell, sondern harmonisch fließend, im Kreise. Durch das Schwenken kommt der Wein mit mehr Luft in Kontakt und die Bukettstoffe können sich lösen und den erwünschten Weg in Ihre Nase nehmen. Und dann legen die 50 Millionen Riechzellen dort los! Weil letztere so fleißig sind, kann der Mensch zwischen 2000 und 4000 unterschiedliche Gerüche wahrnehmen. Mit zunehmendem Alter nimmt der Geruchssinn zwar ab, aber ein geschulter Weingenießer kann dies problemlos wett machen und jungen Greenhorns zeigen, was sich alles an Früchten, Gewürzen, Gemüse- oder Tabaksorten im Wein findet.

Mund

Der Mund wird maßlos überschätzt. Tatsächlich nimmt sich die Zahl der Eigenschaften, die er wahrnehmen kann, gegenüber der Nase wie eine verheerende Niederlage aus: fünf zu 4000! Süß, sauer, salzig und bitter kann die Zunge erkennen. Neue Forschungen haben ergeben, dass sie zudem den Geschmack „Umami“ (japanisch für „Köstlichkeit“) wahrnehmen kann, der die Geschmacksempfindung des Glutamats beschreibt. Aber damit hat es sich auch schon. Jede andere Wahrnehmung geht auch im Mund durch die Nase und zwar retro-nasal. Die Gerüche nehmen durch einen Kanal im hinteren Mundbereich den beschwerlichen Weg zur Nase auf sich, um dort entsprechend gewürdigt zu werden. Und die Nase leistet wieder die ganze Arbeit! Sie können ihr helfen, indem Sie den Wein kauen, ihn über die Zunge gleiten lassen oder mit Lust einschlürfen. Auf diese Weise lösen Sie die Bukettaromen, und Sie erfahren viel mehr von der Komplexität und Größe eines Weins, als wenn Sie ihn einfach nur trinken. Allerdings – und das ist die andere Seite der Medaille – fallen so auch Weinfehler mehr auf.

Neben den fünf Geschmackseindrücken, die vor allem von Alkohol, Gerbstoff, Zuckergehalt und Säure eines Weins bestimmt werden, können Sie aber noch mehr herausfinden. Wie lange bleibt der Wein im Mund, wenn Sie ihn getrunken haben? Dieses Phänomen nennt man Abgang oder Schwänzle (s. Seite 16) und es zeigt, wie gut ein Wein tatsächlich ist. Die bemerkenswertesten unter ihnen – und damit ähneln sie Menschen – hinterlassen die bleibendsten Eindrücke. Der Abgang kann kurz oder lang sein. Ein berühmter Winzer aus Österreich nennt einen seiner Weine gar „Unendlich“, um anzudeuten, wie lang dieser im Mund bleibt. Zudem können Sie etwas sagen über die Textur eines Weins: Ist er cremig, milchig, ölig, klebrig oder gar frisch wie klares Wasser? Lassen Sie den Wein über Ihre Zunge gleiten und fragen Sie sich, was es sein könnte, das Sie da im Mund haben, wenn es kein Wein wäre.

Mittels Schwenken lässt man den Wein Luft holen.

Mit der Nase wird das Bukett erschnuppert.

Dann muss „tief ins Glas" geschaut werden.

Endlich! Der erste Schluck – tanzt der Wein auf der Zunge?

Kork

Die Geschichte des Korks als Flaschenverschluss beginnt in der Antike. Im Alten Griechenland wurden Weingefäße mit Pech und Kork verschlossen. So wurde verhindert, dass Luft eindringen konnte und der Inhalt schnell alterte oder oxidierte. In den folgenden Jahrhunderten kamen aber auch andere Verschlussmöglichkeiten in Mode, so beispielsweise Hanffaserstopfen, Holzstopfen mit einem Stück Stoff versehen, oder schlicht Olivenöl, das auf den Wein gegossen wurde und ihn luftdicht abschloss. Erst mit dem Siegeszug der Weinflasche im 17. Jahrhundert setzte auch der des Korkens ein.

Kork ist eigentlich nichts anderes als Baumrinde, daher stammt auch der Name, vom lateinischen Begriff „Cortex", welcher Rinde bedeutet. Rinde nun schützt den Baum gegen Wasserverlust und Beschädigungen. Ähnliches soll der daraus hergestellte Kork auch für den Wein leisten. Die Korkeiche weist eine besonders dicke Rinde auf und kann problemlos weiterleben, wenn sie „geschält" wird – rund 200 Jahre Lebenserwartung hat sie. Jedoch nur alle acht bis zehn Jahre ist die äußere Schicht dick genug, um geschält zu werden. Diese Baumart wächst nur in bestimmten Gegenden, vor allem an den westlichen Mittelmeerküsten und in Portugal. In letzterem steht ein Drittel der Korkeichenbestände der Welt, die beste Gegend für Korken ist Evora.

Korken ist aber nicht gleich Korken. Insgesamt acht verschiedene Güteklassen gibt es, vom billigen Presskork, der aus kleinen Korkteilchen gepresst wird, bis zu 60 mm langen Prachtstücken, die wie gegossen wirken. Idealerweise ist der Kork langsam gewachsen und weist deshalb wenig Poren auf. Ist der Kork geerntet, wird er, ähnlich frisch geschlagenem Holz, erst einmal für sechs Monate im Freien gelagert. Danach wird er 90 Minuten gekocht. Das macht ihn flexibel und tötet Pilzkulturen ab. Nach einer weiteren Ruhezeit von drei Wochen wird er dann geschnitten, gestanzt, poliert und gebleicht. Fertig ist ein leichter, elastischer, reaktionsneutraler und für Gase undurchdringlicher Flaschenverschluss.

Aber auch mit den besten Korken kann es zu Korkschmeckern kommen. Drehverschlüsse, Plastik- oder Kronkorken sind da bedeutend sicherer. Vor allem aus nostalgischen Gründen werden Flaschen aber zumeist noch mit Kork verschlossen. Wer seine Weine lange lagern will, sollte bedenken, dass auch der beste Korken nach rund 20 Jahren Probleme bekommt. Eine Neuverkorkung ist anzuraten, damit die Schätze weiter Schätze bleiben – und nicht bloß alte Flaschen mit ungenießbarem Inhalt.

1. Wasser

Die Grande Nation hat mal wieder Recht. Das alte französische Sprichwort „Trink Wasser wie ein Ochse, Wein jedoch wie ein König", stimmt gleich in zweierlei Hinsicht. Zum einen, was die Menge des jeweiligen Konsums betrifft, zum anderen, weil es verdeutlicht, dass das eine zum anderen gehört. Wein ist kein Durstlöscher. Wer nur Wein auf dem Tisch stehen hat, wird während des Abends mehr trinken als er vorhatte. Und nicht nur das, er wird es auch mit weniger Genuss tun, denn der Wein verliert dann von seiner Besonderheit, wird unbewusster die Kehle heruntergeschüttet. Gegen den Durst ist das Wasser da. Nur zusammen – also aus einem Glas – sollten Wein und Wasser nicht genossen werden. Die so genannte Schorle ist zwar im Sommer als Erfrischungsgetränk nicht zu verachten, nimmt jedoch dem Wein sein natürliches Gleichgewicht.

Bei Weinproben dient das Wasser neben dem Löschen des Durstes noch einem anderen Zweck. Viele – vor allem gute – Weine bleiben „lange im Mund". Das bedeutet, dass ihr Geschmack noch lange da ist, nachdem sie heruntergeschluckt wurden. Gerne wird in diesem Zusammenhang auch von Abgang, Länge oder Schwänzle gesprochen. Würde man nun direkt den nächsten Wein verkosten, würde dieses Schwänzle den neuen Wein beeinflussen. Aber auch, wenn das Schwänzle längst „ausgewedelt" hat, ist unser Gaumen in den meisten Fällen nicht im erwünschten neutralen Zustand. Ist ein Wein sehr säurebetont und ist der nachfolgende dies nicht, so kann dieser Umstand, der durchaus nicht als Fehler zu sehen ist, beim zweiten Wein als enttäuschend wahrgenommen werden, wenn dieser direkt nach dem spritzigen Tropfen verkostet wird. Das Wasser, am besten stilles, neutralisiert den Mund, es nimmt die Reste des vorherigen Weins auf und setzt den Gaumen sozusagen wieder in seinen Originalzustand zurück. Jetzt hat der zweite Wein eine faire Chance, genau so wie der erste sie hatte. Deshalb sollten Sie bei Weinproben stets Ihren Mund mit Wasser neutralisieren, wenn Sie von einem Tropfen zum nächsten wechseln.

Gerne wird zur Neutralisation auch Brot genommen, das am besten geschmacklich neutral aus weißem Mehl sein sollte. Ciabatta oder auch Knäckebrot leisten hervorragende Dienste, gerade wenn säurebetonte Weine verkostet werden, denn sie sind gut für den Magen. Aber seien Sie sparsam mit dem Brot! Sie werden sich wundern, wie viel an einem Probenabend so nebenbei verputzt wird. Wenn es dann noch etwas zu Essen gibt, werden die meisten Gäste keinen Hunger mehr haben. Das Servieren von Käse sollte vermieden werden. Er beeinträchtigt die Rezeption des Weins zu stark. Manche hervorragenden Weine vertragen sich – entgegen der weit verbreiteten Meinung – überhaupt nicht mit bestimmten Käsesorten. Wenn Sie also Pech haben, machen Sie sich den besten Wein mit einem unscheinbaren Happen Käse kaputt.

Aus welchem Glas Sie das Wasser trinken, ist unerheblich, schließlich muss hier kein Bukett an die Nase geführt oder eine Säurespitze entwaffnet werden. Am stilvollsten ist es, wenn Sie die Wassergläser aus derselben Kollektion kaufen, aus der auch Ihre Weingläser stammen.

Formschöner als Plastikflaschen sind natürlich Wasserkaraffen. Wie diese gestaltet sind, hat für das kühle Nass jedoch keine Bedeutung.

Vier geeignete Wassersorten

Wasser ist nicht gleich Wasser. „Still" und neutral sollte es sein. Hier werden vier ideale Probenbegleiter vorgestellt:

Evian

Die Quelle von Evian liegt oberhalb des größten Alpensees, des Lac Léman oder Genfer Sees. 72 km lang und bis zu 14 km breit ist dieser eindrucksvolle See. Er hat eine Tiefe von bis zu 310 Metern. Kein Wunder, dass er nie zufriert. Auf das Wasser, das in direkter Nachbarschaft dieses Naturschauspiels aus der Erde geholt wird, schwören die Franzosen. Insgesamt werden in der Stadt Évian-les-Bains an den Ufern des Sees jährlich 1 300 Millionen Liter produziert! Ab 1830 wurde das Wasser in die damals handelsüblichen Steinkrüge gefüllt und verkauft. Heutzutage bekommt man es meistens in Plastikflaschen. Evian ist sehr neutral im Geschmack und leicht mineralisch.

Gerolsteiner Excelsis

Im Schatten der 1115 gegründeten Löwenburg befinden sich die Quellen von Deutschlands berühmtestem Mineralwasser. Man meint gar, die Klarheit des Luftkurortes Gerolstein in dem Wasser gleichen Namens schmecken zu können. Der Ort liegt in der Vulkaneifel, einer sehr interessanten Gegend für Geologen. Berühmt sind vor allem die Maare (Dauner Maare, Laacher See) und die Basaltkuppen (Hohe Acht, 141 Meter über dem Meeresspiegel) der Gegend. Das Gerolsteiner Wasser ist sehr mineralisch, mit recht hohem Natriumwert. Der Geschmack ist jedoch angenehm neutral. Das Gerolsteiner Excelsis ist die stille Variante des bekannten Wassers.

Vittel

Die Vogesen, ein Mittelgebirge in Nordostfrankreich, sind salopp gesagt der gespiegelte Schwarzwald. Gesteinszusammensetzung und Oberflächenform entsprechen einander weitestgehend. Das Mineralwasser Vittel stammt aus dem gleichnamigen Ort, der – wie auch Contrexéville und Plombières-les-Bains – für seine Heilbäder berühmt ist. Außer diesen wirklich lohnenswerten Ausflugszielen bieten die Vogesen vor allem viel Wald und einige fantastische Käsesorten. Auch Wein wird hier angebaut. Das Vittel-(Schmelz-)Wasser stammt aus längst vergangenen (Eis-)Zeiten. Regenwasser, das einen langen Weg durch die Gesteinsschichten zurücklegen muss, mischt sich heutzutage dazu. Die Quelle von Vittel wurde im Jahr 1854 entdeckt. Das Wasser ist ausgesprochen neutral und eignet sich ideal für Weinproben.

Volvic

Auch das im südlichen Mittelfrankreich gelegene Naturschutzgebiet Auvergne kann mit seiner vulkanischen Geschichte protzen: Mehr als 60 inzwischen erloschene Vulkane hat es zu bieten. Der höchste davon ist der Puy de Sancy – er liegt 1886 Meter über dem Meeresspiegel. Landwirtschaftlich ist in diesem kargen Gebiet wenig möglich, dafür ist es sehr reich an Mineralquellen, unter denen Volvic die berühmteste ist. Die Quelle wurde erst 1927 entdeckt. Klar, neutral und sehr weich ist der Geschmack von Volvic. Die keltischen Arverner, die dem Gebiet Auvergne ihren Namen gegeben haben, hatten sich damals nicht gerade das schlechteste Stückchen Land ausgesucht, obwohl sehr zu bezweifeln ist, dass sie ein feines Mineralwasser genau so sehr zu schätzen wussten, wie wir das Volvic heutzutage schätzen und genießen.

2. Leichter trockener Weißwein

Es gibt Abende im deutschen Hochsommer, da wünscht man sich in die Antarktis. Oder zumindest in einen Swimming-Pool samt Umwälzpumpe, in den zu jeder Tages- und Nachtzeit zwecks eines erfrischenden Bades kopfüber gesprungen werden kann. Aber den meisten von uns bleibt nur Klein-Balkonien und ein Eimer voll Wasser für die Füße. Damit ist uns vielleicht äußerlich ein wenig geholfen, eine innerliche Anwendung fehlt jedoch noch. Wäre es jetzt nicht schön, wenn Sie einfach nur zum Kühlschrank gehen müssten und sich dort eine kalte Flasche Wein befände, das Glas beschlagen vor lauter Kühle? Und wenn Sie diese jetzt einfach nach draußen tragen könnten, sie entkorken und den wunderbar frischen, belebenden Wein die erhitzte Kehle herunterfließen lassen könnten? Das ist mindestens so gut wie ein Sprung ins kühle Nass oder – das kommt natürlich auf den Wein an – sogar noch besser!

INFO-KASTEN

Weintyp:
Leichter trockener Weißwein

Aussehen:
Hellgelb in der Farbe

Duft:
Frische Aromen von gelben Früchten und Blumen

Geschmack:
Leicht und spritzig

Preiskategorie:
3–7 Euro

Die Gruppe der Weine, die uns den Sommer erträglich erscheinen lassen, heißt „Leichte trockene Weißweine". Womit eigentlich schon alles gesagt ist. Weißweine wirken grundsätzlich leichter als Rotweine, haben häufiger frische Aromen wie Zitrusfrüchte oder grüne Äpfel. Punkt zwei unserer Beschreibung – „trocken" – steht dafür, dass ein trockener Wein gegenüber einem mit etwas Restzucker erfrischender wirkt, weil Süßes in einem gewissen Sinne auch immer Wärme ausstrahlt. Und noch etwas zum wichtigsten Adjektiv dieser Gruppe: „leicht". Es meint vieles: Leicht im Alkohol, denn Alkohol im Hochsommer steigt temperaturbedingt schnell zu Kopf, macht müde und die Glieder schwer. Leicht im Körper, denn körperreiche gehaltvolle Weine erfrischen nicht. Das hängt mit den Gerbstoffen zusammen, aber auch einfach mit der Dichte des Weines. Ein sonnengereifter Australier, der im Mund beinahe so dick ist wie Marmelade, wird bestimmt keine Schweißperlen von Ihrer Stirn vertreiben! Ein leichter Körper meint auch, dass der Wein eine spritzige Säurestruktur hat, etwas, das die von der Hitze trägen Lebensgeister in uns weckt. Und schließlich leicht im Bukett. Schon der Duft des Weins sollte uns an einen schöneren, kühleren Ort entführen. Limetten, Orangen, Maracujas, Bananen – können Sie sie schon riechen?

Weine dieser Kategorie wachsen zumeist in kühleren Regionen – denn nur dort lassen sich Weine erzeugen, die niedrig im Alkohol und angenehm spritzig in der Säure sind. Überall dort, wo die Trauben während der Reifezeit durch die Sonnenbestrahlung „gekocht" werden, verschwindet die Säure ganz schnell, der Zucker jedoch und damit nach der Gärung der Alkohol schnellen hoch.

Das klassische Weißweinland Deutschland erfüllt alle Anforderungen, die wir gestellt haben. Hier werden leichte trockene Weine in großer Anzahl und Auswahl hergestellt. Alle mit ihren Besonderheiten, alle mit ihrer speziellen Note.

Außerhalb Deutschlands wird man beispielsweise in Österreich fündig, in Frankreich, in Italien oder sogar in Spanien, dort hauptsächlich im Anbaugebiet Rueda. In der Neuen Welt – also den weinerzeugenden Ländern Amerikas, Afrikas und Ozeaniens – sieht das schon anders aus. Durch die höheren Temperaturen werden die Weine hier grundsätzlich körperreicher, auch wenn viele Winzer in diesen Gebieten in höhere Anbauzonen abwandern, wo es etwas kühler ist. Nicht nötig haben das die Neuseeländer, welche mit ihren aus Sauvignon Blanc erzeugten trockenen Weinen weltweit einen hervorragenden Ruf genießen.

Bocksbeutel

Auch die moderne Wissenschaft konnte nicht eindeutig klären, woher der Bocksbeutel, die klassische Weinflasche Frankens, seinen Namen hat. Die amüsanteste Version ist sicherlich jene, welche die Bezeichnung auf den Hodensack des Ziegenbocks zurückführt. Auch denkbar ist, dass sie vom Bauch des Bocks, der damals „Bug" genannt wurde, stammt. Die leider wahrscheinlichste Variante ist jedoch folgende: Der Name stammt vom niederdeutschen Wort „Bockesbeutel", mit dem eine kleine Tasche bezeichnet wurde. Natürlich stellt sich dabei die Frage, woher die Tasche nun wieder ihren Namen hat. Und da könnte der Ziegenbock dann wieder ins Spiel kommen …

Der älteste bekannte Bocksbeutel stammt aus der Zeit um 1400 v. Chr., ein keltisches Tongefäß, das in Franken gefunden wurde. Wer es bestaunen möchte, findet es im Mainfränkischen Museum in Würzburg. Bereits seit 1728 ist der Bocksbeutel die offizielle Flasche der Frankenweine. Heute dürfen auch vier Gemeinden in der badischen Ortenau, grob die tauberfränkische Gegend, ihre Weine in dieser Flasche abfüllen. Und sogar außerhalb Deutschlands wird diese ungewöhnliche Form inzwischen genutzt, so in Portugal, Südafrika und Chile. Die Franken hätten die Flasche natürlich gern für sich alleine, aber es scheint, dass es nun zu spät ist, um diese Ansprüche anzumelden. Den ältesten Bocksbeutel aber wird ihnen niemand nehmen können.

Versprechen Erfrischung – nicht nur im Sommer: Leichte trockene Weißweine sind immer gut für müde Lebensgeister.

1 Die Königin der Reben: Riesling.

2 An der Loire zu finden: Sauvignon Blanc.

3 Italiens beliebteste weiße Rebe: Trebbiano.

Drei typische Rebsorten für „Leichten trockenen Weißwein"

Riesling

„Woher stammt der Riesling?" ist fast schon eine Gretchenfrage. Eigentlich ist die Wissenschaft davon überzeugt, dass diese Traube aus dem Rheintal erwuchs, wo sie schon seit Römischer Zeit angebaut wurde. Die Winzer der Wachau in Österreich glauben jedoch, dass ihr Anbaugebiet die eigentliche Heimat der Traube ist. Als Beweis wird angeführt, dass eine der ältesten Lagen des Ortes Weißenkirchen spätestens seit der ersten Hälfte des 13. Jahrhunderts den Namen Ritzling trägt.

Heute ist der Riesling, neben Deutschland und Österreich, im Elsass, in der Schweiz, in Norditalien, in der Tschechoslowakei, im ehemaligen Jugoslawien, aber auch in Chile, Südafrika, Kalifornien und Australien verbreitet. Die Rebe braucht immer kühles Klima, in welchem sie langsam reifen kann. Am besten gedeiht sie auf schieferhaltigen oder Urgesteinsböden. Dann ergibt die säurestarke Sorte einige der größten Weißweine der Welt – egal ob trocken oder edelsüß. Achtung: Bei als Riesling etikettierten neuseeländischen Weinen kann es sich auch um den Müller-Thurgau handeln!

Vom Duft her lassen sich folgende Eigenschaften erschnuppern: Apfel, Pfirsich, Aprikose, Zitrus und im Alter Petrol.

Sauvignon Blanc

Dieser Wein ist vom Geschmack her der „grünste" aller Weine. Sein Bukett wird meist als grasig beschrieben. Die Sauvignon Blanc ist zurzeit höchst trendy und außerhalb Frankreichs auch in Norditalien, Kalifornien, Südafrika, Südamerika, Australien und vor allem in Neuseeland zu finden. Die berühmtesten Weine dieser Sorte kommen jedoch aus dem Südwesten Frankreichs, wo die Rebe ursprünglich auch herkommt. Sie ist in der Regel die wichtigste weiße Traube in Graves, dem einzigen Bereich Bordeauxs, der sowohl für Rot- wie auch für Weißwein berühmt ist. Bei den edelsüßen Sauternes-Weinen steht sie nach dem Sémillon an zweiter Stelle.

Ihr weiteres Hauptverbreitungsgebiet in Frankreich ist die Loire, wo sie den Pouilly-Fumé und den Sancerre liefert.

Folgende Duftnoten herrschen vor: Gras, Kräuter, Heu, Stachelbeeren, Spargel, Paprika, schwarze Johannisbeeren und Moschus.

Trebbiano/Ugni Blanc

Für viele Kenner ist die Trebbiano-Rebe der Inbegriff für italienischen Weißwein – nicht nur, weil sie heute die verbreitetste Weißweinsorte des Landes ist (130 000 Hektar), sondern auch, weil sie eine der ältesten ist. Vor allem in der Emilia-Romagna, der Toskana und Latium wird sie angebaut – aber auch in den meisten übrigen italienischen Regionen ist sie zu finden. Es gibt eine ganze Palette von Weiß- und Rotweinen, in denen ein Anteil Trebbiano steckt. Dazu gehört der Soave ebenso wie Chianti oder Vino nobile di Montepulciano.

Warum ist der Trebbiano so erfolgreich? Die Antwort ist einfach: Er erbringt auch im warmen Klima säurereiche Weine und ist zudem extrem ertragreich. Viele Trebbianos sind leider nichtssagende Massenweine. Reduziert man allerdings den Ertrag, kann die Rebe faszinierende Weine erbringen.

Außerhalb der Weinanbaugebiete Italiens findet man den Trebbiano im ganzen Süden Frankreichs – wo er als Ugni Blanc bezeichnet wird – und auch im Cognac-Gebiet, wo er merkwürdigerweise Saint-Emilion heißt. Die Grande Nation wird schon wissen, warum …

Vom Duft her erinnert der Trebbiano an frische Äpfel und Brot, das gerade aus dem Ofen geholt wurde.

Drei typische Anbaugebiete für „Leichten trockenen Weißwein"

Nahe

In allen Weinanbaugebieten Deutschlands finden sich Winzer, die leichte trockenen Weißweine herstellen. Herausgegriffen werden soll an dieser Stelle eines, das in den letzten Jahren seinen Dornröschenschlaf – was die Bekanntheit angeht – beendet hat: die Nahe. Früher musste sich diese Region mit dem Ruf der „Probierstube Deutschlands" betiteln lassen. Diesen hatte sie erhalten, weil sie über viele unterschiedliche Böden (Rotliegendes, Porphyr, Schiefer, Quarzit, Kies, Löß, Lehm etc.) verfügt, die sich zwar in ganz Deutschland präsentieren, aber in keinem anderen Anbaugebiet in dieser Vielfalt auftauchen. Doch die Nahe hat sich in den letzten Jahren ein eigenes Profil erarbeitet und einen exzellenten Ruf für ihre feinen, trockenen weißen Weine erworben. Eleganz und Komplexität haben sich die Nahewinzer auf ihre Fahnen geschrieben. Geschmacklich liegen die Weine in etwa zwischen den körperreichen der Pfalz und den spritzigen von Mosel-Saar-Ruwer. Das Zentrum des Anbaugebiets ist die Stadt Bad Kreuznach. Nahe des Ortes Traisen findet sich der Rotenfels, das mit 183 Metern höchste Steilmassiv nördlich der Alpen. Bei gutem Wetter wird einem hier ein spektakulärer Blick auf die Umgebung geboten.

Rueda

Spanien ist nicht sonderlich berühmt für seinen Weißwein. Das kommt nicht von ungefähr: Durch das heiße Klima werden die weißen Weine häufig alkoholreich und schwer und lassen somit Finesse und Spritzigkeit vermissen. Heute gibt es in Spanien nur zwei Weinanbaugebiete, deren Weißweine überregionalen Ruhm genießen. Neben dem kleinen Rias Baixas an der Westküste ist dies Rueda, direkt neben dem berühmten Rotweingebiet Ribera del Duero, in der Nähe der kastillischen Stadt Valladolid. Hauptsächlich werden die dortigen Weine aus der Verdejo-Traube gewonnen, mit geringen Zusätzen von Viura und Palomino. Die aus ihr erzeugten Tropfen sind sehr charaktervoll und aromatisch, kräuterwürzig, manchmal an Lorbeer erinnernd. Erst durch neue kellertechnische Verfahren schaffte man es, die frische Säure der Rebsorte zu erhalten. Heutzutage wird sie nachts geerntet, damit sie bei der Verarbeitung kühl ist.

Aber auch die Sauvignon Blanc-Rebe gerät hier besser als sonst irgendwo in Spanien. Und all das kann man an einem einzigen Mann festmachen: Anfang der 1970er Jahre war es Professor Emile Peynaud von der Wein-Universität Bordeaux, der in den Diensten der Bodega Marques de Riscal die Arbeitsmethoden revolutionierte und das „neue" Rueda aus der Taufe hob.

Emilia-Romagna

In Italien werden viele leichte trockene Weißweine produziert, die berühmtesten stammen aus dem Friaul. Mengenmäßig bedeutender ist allerdings die Emilia-Romagna. Einen großen Teil dieser Region macht die Po-Ebene aus, aber im Ganzen erstreckt sich das Weinanbaugebiet von der Adriaküste bis weit in den Westen des Landes. Die Küche dieser Region ist für ihre Vielfältigkeit berühmt.

Das Gebiet ist vor allem für einfache Alltagsweine bekannt. In sprichwörtlich aller Munde ist unter anderem der Lambrusco, ein schäumender Rotwein, und der Trebbiano di Romagna aus der gleichnamigen Traube. Letzterer ist ein frischer, leichter Weißwein, der nicht nur in der Hauptstadt des Gebiets, Bologna, gerne getrunken wird. Übrigens: Wenn Sie einmal in der Nähe sind, sollten Sie sich den Neptunsbrunnen in Bologna nicht entgehen lassen. Er wurde zwischen 1536 und 1566 von Giovanni da Bologna geschaffen und ist einen Besuch wert.

Die Nahe – ein deutscher Aufsteiger.

Faszinierende Rebstock-Symmetrie in Rueda.

Bologna, die idyllische Hauptstadt der Emilia-Romagna.

INFO-KASTEN

Leichte trockene Weißweine

Passen zu: Leichten, nur wenig gewürzten Speisen, z. B. Spargel, Geflügel oder Fisch mit hellen Saucen.
Temperatur: Um 8 °C oder einfach direkt aus dem Kühlschrank, in dem der Wein mindestens einen vollen Tag verbracht haben sollte, um durchzukühlen.

Wein und Speisen

Leichte trockene Weißweine sollten Sie mit ebensolchen Speisen kombinieren: Leichte Gerichte mit nicht zu dominanten Aromen. Achten Sie dabei immer auf den Hauptgeschmacksträger der Speise. Ein Beispiel: Idealerweise serviert man diesen Weintyp zu Spargel. Wenn Sie zu diesem jedoch eine scharfe Romanow-Sauce oder eine leicht süßliche Erdbeersauce reichen, dann passt der Wein nicht mehr. Im ersten Fall müssen Sie einen Wein finden, der die Schärfe ausgleicht, im letzteren einen, der süßer ist als die Sauce. Leichter trockener Weißwein passt dagegen ideal zu Spargel mit Sauce Hollandaise oder Béarnaise, zu Geflügel mit leichten, hellen Saucen – am besten mit einem Schuss des gleichen Weins! – oder auch Fisch, der nur mit Buttersoße, Salzkartoffeln und einem frischen Salat gereicht wird. Ist die Speise also leicht – nehmen Sie einen leichten Wein! Dabei ist es auch möglich, einen leichten roten Wein zu wählen – das ist Ihrem Gusto überlassen. Im Sommer ist immer zu einem erfrischenden Weißen zu raten, im Winter dagegen zu einem etwas erwärmenden Roten.

Spargel mit Sauerampfersauce

Für 4 Personen
Zubereitungszeit: 50 Min.

Für den Spargel:
2 kg grüner Spargel
Salz, Zucker
10 g Butter

Für die Sauce:
1 Zwiebel
100 g Sauerampfer
30 g Butter
250 ml Spargelfond (vom Kochen des Spargels)
1 TL Gemüsebrühe (Instant)
100 g saure Sahne
100 g Frischkäse
1 EL Saucenbinder
Salz, Pfeffer aus der Mühle

1. Die holzigen Enden vom Spargel abschneiden und im unteren Drittel schälen. Reichlich Wasser in einem großen Topf mit Salz, Zucker und Butter aufkochen und den Spargel darin ca. 10 Minuten garen. Anschließend abtropfen lassen.

2. Die Zwiebel schälen und würfeln, den Sauerampfer grob hacken. Die Butter in einem Topf zerlassen und die Zwiebelwürfel darin glasig anschwitzen. Den gehackten Sauerampfer dazugeben und kurz mitschwitzen. Mit dem Spargelfond ablöschen und alles mit dem Mixstab pürieren.

3. Die Gemüsebrühe zufügen und kurz aufkochen lassen. Dann die saure Sahne und den Frischkäse löffelweise einrühren. Wenn die Sauce glatt gerührt ist, nochmals kurz erhitzen und mit dem Saucenbinder andicken. Das Ganze mit Salz und Pfeffer würzen. Die Sauerampfersauce mit dem Spargel anrichten.

Leichter trockener Weißwein

Unser Proben-Wein:

Name: Revian

Herkunft: Rheinhessen (Deutschland)

Rebsorten: Rivaner (ein anderer Name für Müller-Thurgau), Riesling

Preis: Um 3 Euro

Nase: Ein Wein wie eine Streuobstwiese! Überall liegen leckere Äpfel herum und das Gras ist durchsetzt mit würzigen Wildkräutern. Und irgendwo in der Nähe wird wohl auch gekocht, denn es ist Pfeffer zu riechen. Macht Lust auf's Genießen!

Geschmack: Ein Prachtwein! Würze und erfrischende Säure verbinden sich zu einem leckeren Tropfen. Der Wein ist angenehm bitter im Abgang, dadurch wird er nicht langweilig.

Gesamturteil: Ein Paradebeispiel für einen „Leichten trockenen Weißwein". Unkompliziert und süffig, sehr erfrischend, ohne in der Säure aggressiv zu sein. Diesen Wein möchte man jeden Tag trinken.

Auch gut:

Name: Servus Weiß

Herkunft: Burgenland (Österreich)

Rebsorten: Grüner Veltliner, Welschriesling, Weißburgunder

Preis: Um 3 Euro

Nase: Der Servus hat ein sehr leichtes Bukett, er ist keine Spur aufdringlich. Wer aber etwas tiefer „hineinriecht", der findet feine Aromen wie Heu, ein wenig Stachelbeere, einen Hauch Ananas, sogar etwas Vanille. Ein idealer Speisebegleiter.

Geschmack: Auch im Mund ist dieser Wein sehr ausgewogen und kommt auf „sanften Pfoten" daher. Die Säure ist fein eingebunden, der Körper ist leicht cremig mit schmeichelnder Süße.

Gesamturteil: Ein „Leichter trockener Weißwein", der die Betonung vor allem auf leicht setzt. Nichts wirkt hier übertrieben, nichts aufgesetzt. Ein Wein, mit dem Sie nichts falsch machen können.

Spätlesereiter

Manche Besucher von Schloss Johannisberg im Rheingau bemerken das Standbild des Reiters mit der großen Weintraube in der Hand nicht, dabei steht es doch für eine der schönsten Legenden des deutschen Weinbaus.

Ab dem Jahre 1718 wurde im Rheingauer Gebiet die Leseerlaubnis für die Trauben vom Fürstbischof in Fulda ausgestellt. Sie wurde überbracht vom so genannten Herbstkurier. Es durfte also erst geerntet werden, wenn der Bischof dies erlaubt hatte. Im Jahre 1775 nun wartete man lange Zeit vergeblich auf den Kurier und die Trauben begannen am Stock zu verfaulen. Bis heute ist unklar, ob dies daran lag, dass der Fürstbischof lieber auf der Jagd weilte, als die Leseerlaubnis auszustellen, oder ob der Herbstkurier von Straßenräubern festgehalten wurde. Als er endlich kam, waren die Trauben zwar schon verschrumpelt und verfault, sie wurden aber trotzdem gelesen – 14 Tage später als üblich. Zur Überraschung aller war der fertige Wein ganz hervorragend! Die Spätlese war geboren und die historisch belegte Legende vom Spätlesereiter ebenfalls. Die damalige Spätlese ist allerdings nicht mit der heutigen vergleichbar. Es handelte sich damals um einen edelsüßen Wein, den man heute als Beerenauslese oder Trockenbeerenauslese bezeichnen würde. Bei diesem Weintyp lässt der Pilz Botrytis Cinerea die Trauben schrumpeln, wodurch sich ihre Inhaltsstoffe konzentrieren.

Das berühmte Spätlesereiterdenkmal von Schloss Johannisberg im Rheingau.

Beim gehaltvollen trockenen Weißwein bleibt Europa Spitze. Fülle und Finesse paaren sich zu großen Weinen.

3. Gehaltvoller trockener Weißwein

Mancher angebliche Weinkenner mag sich mit dem Bonmot brüsten, zu einem gehaltvollen Gespräch gehöre ein gehaltvoller Wein. Worauf Sie dann süffisant erwidern können, dass leider oftmals die Weine gehaltvoller seien als die damit verbundenen Gespräche. Die passende Retourkutsche läge wiederum auf der Hand: „Lieber so, als andersherum!" Gehaltvolle Weine sind fraglos gut zu Gesprächen, noch mehr als Thema derselben. Der leichte trockene Weißwein will nicht, dass man über ihn sinniert, ihn analysiert oder über ihn philosophiert – er will getrunken werden. Und das mit Freude. Der gehaltvolle trockene Weißwein fordert uns dagegen heraus, er nimmt unsere Sinne gefangen und zieht alle Aufmerksamkeit auf sich. Und er hat auch viel, was unsere Aufmerksamkeit erfordert: Mehr Aromen, mehr Körper – zumeist auch mehr Alkohol – und mehr Wein, soll heißen: Er bleibt länger im Mund, nachdem wir ihn getrunken haben. Sein Abgang bleibt noch für einige Zeit am Gaumen „haften".

All diese Beschreibungen zeigen schon, dass es sich hierbei um keinen Wein handelt, den man einfach so nebenbei trinkt. Ist der leichte trockene Weißwein ein Terrassenwein, so gehört der gehaltvolle trockene Weißwein sicherlich mehr ins Wohnzimmer. Er wird nicht getrunken, sondern genossen. Seine größere Klasse macht vor allem aus, dass man immer neue Aromen in seinem Bukett findet, dass er den Mund raumgreifender füllt und ein letztes Geheimnis behält.

Es gibt jedoch einen Inhaltsstoff, von dem der gehaltvolle Wein zumeist weniger hat als der leichte: die Säure. In der chemischen Analyse mag der Säure-Wert in einigen Fällen genauso hoch sein wie beim leichten trockenen Wein, durch das Mehr an Körper und Aromen erscheint er uns jedoch niedriger.

Geografisch ist der gehaltvolle Weißwein nicht auf eine bestimmte Region beschränkt. Er findet sich in kälteren Ländern wie Deutschland ebenso wie im heißen Chile. Je südlicher das Land, desto mehr Alkohol weist der Wein auf – manchmal auch zu viel davon, sodass er schwer und breit wirkt. Wer in Deutschland nach diesem Typ sucht, sollte nach trockenen Spätlesen Ausschau halten. Um in den Genuss der vollen Aromenvielfalt dieses Weins zu kommen, sollten Sie ihn nicht so kalt trinken wie seinen spritzigeren Bruder. Bei etwas höherer Temperatur können sich die Bukettstoffe besser lösen und erhöhen Ihre Geruchsfreuden. Die Weine sind weniger von leichten Zitrus- oder Floralaromen geprägt als von Obst- und Vegetaltönen – und vielem mehr. Probieren Sie es aus!

INFO-KASTEN

Weintyp:
Gehaltvoller trockener Weißwein

Aussehen:
Stroh- bis goldgelb in der Farbe

Duft:
Reife Aromen von – häufig exotischem – Obst, aber auch Blumen- und Vegetaldüfte

Geschmack:
Komplex und „mundfüllend"

Preiskategorie:
6–20 Euro

1 Dem Chardonnay gelang eine Weltkarriere.

2 Idealer Essensbegleiter: Pinot Blanc.

3 Österreichs Stolz: der Grüne Veltliner.

Drei typische Rebsorten für „Gehaltvollen trockenen Weißwein"

Chardonnay

Ein neuer Trend in den USA heißt „ABC" – „Anything But Chardonnay" („Alles außer Chardonnay"). Die Erfolgsgeschichte des Chardonnay, der immer als DIE weiße Rebsorte schlechthin galt, scheint beendet zu sein. Es gibt einfach zu viel Flüssiges aus dieser Rebsorte – und zu viel Belangloses. Trotzdem sollte man nicht vergessen, dass der Chardonnay tatsächlich eine der qualitativ besten Rebsorten der Welt ist und im Burgund (z. B. Chablis) einige der größten trockenen Weißweine der Welt erbringt. Zudem ist der Chardonnay die einzige weiße unter den drei für Champagner verwendeten Rebsorten – die anderen beiden sind der Pinot Noir und der Pinot Meunier.

Große Chardonnays bestechen durch Frucht und Körper sowie ein unnachahmliches Maß an Komplexität und Nuancenreichtum. Außerhalb Frankreichs ist der Chardonnay vor allem in Kalifornien und Australien populär, wo er jeweils die meistangebaute weiße Rebsorte ist. Da er von sich aus nicht besonders bukettintensiv ist, wird er gerne in kleinen Holzfässern – so genannten Barriques – ausgebaut, um ihn komplexer zu machen. Dadurch werden die Weine jedoch manchmal auch „fett", also zu ölig, breit und schwer.

Chardonnays erinnern im Duft an Melone, Zitrone bzw. Limette, Grapefruit, Haselnuss oder Butter.

Pinot Blanc/Weißburgunder

Achtung! Pinot Blanc ist nicht gleich Chardonnay – auch wenn die beiden Rebsorten viele geschmackliche und äußerliche Ähnlichkeiten aufweisen. In Deutschland ist der Pinot Blanc als Weißer Burgunder bekannt und wird in letzter Zeit vermehrt angepflanzt – ein kleiner Trend. Auch in Österreich (Steiermark, Burgenregion) erfreut er sich zunehmender Beliebtheit, ebenso im Elsass, wo er auch als Clevner oder Klevner bezeichnet wird. Viele Pinot Blanc-Fans schwören besonders auf die Exemplare aus Norditalien – wo er Pinot Bianco heißt.

Genetisch betrachtet ist der Pinot Blanc eine Mutation des Pinot Gris, also des Grauburgunders. Erst Ende des 19. Jahrhunderts wurde er in Burgund entdeckt. Der Pinot Blanc ergibt sehr körperreiche, geschmeidige Weine, die oftmals ideale Allround-Essensbegleiter sind.

Der Duft erinnert an Apfel, Mango, Birne, Quitte, Erdnuss, Minze oder Mandel.

Grüner Veltliner

Die Österreicher lieben ihren Grünen Veltliner und so verwundert es nicht, dass statistisch jeder dritte Wein des Alpenlandes ein solcher ist. Die Anbaufläche der so beliebten Rebe steigt und steigt in Österreich – nur die Steiermark weigert sich nach wie vor vehement, ihn auch anzupflanzen. Die meisten Weine dieser Sorte sind einfachen Charakters und fallen in die Kategorie „Leichter trockener Weißwein". Sie sind köstlich, frisch und rassig. Als hochwertige – „gehaltvolle" – Ausführung sind Veltliner aber körperreich und komplex mit dem berühmten „Pfefferl"-Geschmack. Ihr Alterungspotenzial ist größer als das jeder anderen weißen Rebsorte im trockenen Bereich – auch des Rieslings. Mit zunehmender Reife können sie oftmals sogar an weiße Spitzen-Burgunder erinnern und sie haben schon so manchen berühmten Franzosen im Blindtest geschlagen.

Vom Duft her erinnern sie an Erbsenschoten, Paprika und – wenn sehr hochwertig – an Pfeffer.

Drei typische Anbaugebiete für „Gehaltvollen trockenen Weißwein"

Burgund

In keinem anderen Weinanbaugebiet der Welt stößt man auf mehr schlechte, überteuerte Weine als hier, in der alten historischen Provinz Frankreichs, die „Le Bourgogne" genannt wird. Und doch werden Weine aus diesem Gebiet stetig verkauft. Warum? Weil die wenigen guten Burgunder so gut sind, dass man davon nicht genug haben kann. Dies gilt für die roten noch mehr als für die weißen Weine.

Untypisch für Frankreich werden die Weine im Burgund rebsortenrein ausgebaut, das heißt, sie werden nicht mit anderen Rebsorten verschnitten, um größere Komplexität zu erhalten. Der klassische rote Burgunder wird aus Pinot Noir hergestellt, der klassische weiße aus Chardonnay. Das Herzstück des Burgunds ist die Côte d'Or (wörtlich übersetzt: die Goldene Küste). Dieser Bereich unterteilt sich in die Côte de Nuits – wo die großen Rotweine wachsen – und die Côte de Beaune – wo die feinen Weißweine entstehen. Die besten Tropfen stammen von den 32 so genannten Grand Cru-Lagen. Dabei handelt es sich um Weinberge, die über Jahrhunderte hinweg bewiesen haben, dass sie die besten Weine bringen.

Preislich finden sich heute weltweit keine trockenen Weißweine, die teurer sind als die großen weißen Burgunder, welche dazu auch noch in Kleinstmengen produziert werden. Falls Sie herausfinden wollen, ob Ihnen Burgunder liegen, fangen Sie am besten mit einem guten Wein aus Macon-Villages an – diese sind noch bezahlbar und können sehr gut sein.

Südafrika

Auch wenn es in den Supermarktregalen anders aussieht: Südafrika ist ein Weißweinland! Über 80 % aller produzierten Weine des Kaps sind weiß. In diesem Bereich hat Südafrika eine große Tradition: Während des 18. Jahrhunderts gehörten die Muskateller-Dessertweine aus der Region Constantia zu den berühmtesten der Welt. Weinbau wird in Südafrika übrigens seit den Tagen der weißen Kolonisation betrieben. Bis zum Ende der Apartheid lag der Weinbau jedoch im qualitativen Dornröschenschlaf. Danach ging es aber rasanter aufwärts als irgendwo sonst in der Welt.

Die Vorraussetzungen dafür sind ja auch gegeben: Die südafrikanischen Weinanbauregionen liegen fast genau auf dem gleichen Breitengrad wie die Australiens oder Chiles. Die beste Weinregion des Kaps ist Stellenbosch, fast alle großen Weine des afrikanischen Kontinents kommen von dort. Angepflanzt werden hier überwiegend französische Rebsorten. Ein Drittel der Anbaufläche ist allein mit der weißen Loire-Rebe Chenin Blanc (hier als Steen bekannt) bestockt. Die weißen Rebsorten Chardonnay und Sauvignon Blanc holen jedoch mehr und mehr auf.

Niederösterreich

Niederösterreich ist mit der Hälfte aller österreichischen Reben das Zentrum des Weinbaus im Alpenland. Auch das berühmteste und qualitativ wahrscheinlich beste Anbaugebiet des Landes befindet sich in Niederösterreich: die Wachau. Diese auf Riesling und Grünen Veltliner spezialisierte Region liegt an der Donau nahe der Stadt Krems. Die Reben lieben ihre terrassierten Plätze auf Urgesteinsverwitterungsböden. Aber auch im Krems- und im Kamptal werden großartige Weine produziert. Außerdem liegt das größte Anbaugebiet des Landes in Niederösterreich, das so genannte Weinviertel.

Die trockenen österreichischen Weine ähneln sehr ihren deutschen Pendants. Im Alkohol liegen sie teilweise etwas höher und wirken auch sonst weniger filigran, dafür sind sie umso körperreicher.

Das Burgund – Mekka vieler Weinfreunde.

Ein typisches südafrikanisches Weingut im Kolonialstil.

Beeindruckende Weinbergsterrassen in Niederösterreich.

INFO-KASTEN

Gehaltvolle trockene Weißweine

Passen zu: Kräftigen, gehaltvollen Gerichten, z. B. zu Zwiebelkuchen, Schweizer Hartkäse, Krustentieren. Auch sind sie sehr gut zu Gerichten mit Sahne und Butter geeignet. Je gehaltvoller und kräftiger die Speise im Geschmack, umso kräftiger sollte der Wein sein.
Temperatur: 10–16 °C sind ideal. Wenn Sie den Wein im Kühlschrank kühlen, holen Sie ihn $^{1}/_{2}$–1 Stunde bevor Sie ihn trinken möchten heraus.

Wein und Speisen

Gehaltvolle trockene Weißweine brauchen Gerichte, die ihnen Paroli bieten können. Leise gewürzte Speisen gehen unter, werden sie zu einem gehaltvollen Wein serviert. Bei einem scharf gewürzten Gericht besteht dagegen die Gefahr, dass es sich gemeinsam mit dem Alkohol eines Weins gegenseitig hochschaukelt. Ergebnis: Der Wein wirkt brandig (also zu alkoholisch), die Speise höllisch scharf. In Butter und Sahne „schwimmt" der Wein hingegen gern. Das liegt vor allem daran, dass sowohl Speise als auch Wein im Mund cremig wirken. Mit Fisch sollten Sie vorsichtig sein! Leider lässt alkoholischer Wein – egal ob weiß oder rot – den Fisch im Mund älter erscheinen als er ist. Kein Geschmackserlebnis, um das man Sie beneiden wird! Wenn es schon etwas aus dem Meer sein soll, dann lieber würzige Frutti di Mare (z. B. Austern, Muscheln) oder idealerweise Krustentiere wie Hummer oder Krebs. Auf eine verheerende Kombination muss hinsichtlich der „Früchte des Meeres" jedoch noch hingewiesen werden: Salz und Alkohol wirken zusammen bitter!

Handelt es sich beim von Ihnen ausgewählten gehaltvollen trockenen Weißwein um einen aus dem kleinen Holzfass – dem Barrique –, so verfügt er fast immer über Vanille-, Rauch- und Nussaromen. Wenn sich diese auch, und sei es nur ansatzweise, im Gericht finden, dann können sich Wein und Speise die Hand reichen und ein durchgängiges Geschmackserlebnis kreieren. Lassen Sie Ihrer Fantasie freien Lauf und genießen Sie!

Quiche Lorraine

Für ein Quiche von ca. 26 cm Durchmesser
Zubereitungszeit: 1 Stunde
Kühlzeit: 30 Min.

Für den Mürbeteig:
200 g Mehl
1 Ei
1 Prise Salz
75 g Butter oder Margarine
Fett für die Form

Für den Belag:
150 g Räucherspeck
150 g süße Sahne
4 Eier
Salz, Pfeffer aus der Mühle
Muskatnuss
150 g Emmentaler

1. Das Mehl in eine Schüssel sieben. Ei, Salz und Butter in kleinen Stückchen darauf geben. Rasch zu einem glatten Teig verkneten, zu einer Kugel formen und in Frischhaltefolie eine halbe Stunde im Kühlschrank ruhen lassen.

2. Den Backofen auf 200 °C vorheizen. Eine Springform von ca. 26 cm Durchmesser mit Butter auspinseln und mit dem Teig gleichmäßig auslegen. Am Rand ca. 2 cm hoch ziehen und den Boden mit einer Gabel mehrfach einstechen, damit er sich nicht wölbt. In den Backofen geben und ca. 10 Minuten vorbacken.

3. Den Speck in kleine Würfel schneiden und in einer Pfanne ohne Zugabe von Öl kurz anschwitzen. Herausnehmen und beiseite stellen.

4. In einer Schüssel die Sahne und die Eier gut verrühren. Die Masse mit etwas Salz, Pfeffer und Muskatnuss würzen.

5. Die Speckwürfel und den Käse auf dem vorgebackenen Boden verteilen und den Sahne-Ei-Guss darüber verteilen.

6. Die Quiche im vorgeheizten Backofen ca. 30 Minuten backen. Sie ist fertig, wenn der Guss fest ist. Dann aus der Form nehmen und heiß servieren.

Gehaltvoller trockener Weißwein

Unser Proben-Wein:

Name: Hardy's Chardonnay/Semillon

Herkunft: Australien

Rebsorten: Chardonnay, Semillon

Preis: Um 4 Euro

Nase: In der Nase dieses Weins findet sich, was ansonsten auf's Brot geschmiert wird: Butter, und zwar viel davon. Sehr gekonnt wird dieses Aroma von Zitrone und Rauch umweht, eine sehr volle, eine „schwere" Nase.

Geschmack: Auch der Körper ist „schwer", in ihm findet sich sehr viel: würzige Aromen, Melone – und ein bisschen Frische, welche verhindert, dass der Geschmack zu „fett" und „plump" erscheint. Ein Prachtwein!

Gesamturteil: Viel typischer können Sie einen Weißwein aus der Neuen Welt nicht erleben. Aromen vom Holz (Rauch, Butter) in der Nase, einen kräftigen Körper im Mund. Perfekt kreiert, wie fast immer, wenn ein Wein aus Australien stammt.

Auch gut:

Name: Jacob's Creek Semillon/Chardonnay

Herkunft: Australien

Rebsorten: Semillon, Chardonnay

Preis: Um 5 Euro

Nase: Mancher Mann könnte nach reichlichem Alkoholgenuss in Versuchung kommen, sich ein paar Tropfen dieses Weins hinters Ohrläppchen zu tropfen – riecht er doch wie würziges Parfüm. Rauchfleisch findet sich zudem in der Nase und auch Vanille.

Geschmack: Dieser Wein hat die berühmte Süße der Neuen Welt. Im Mund lässt sie den Wein angenehm rund und weich erscheinen. Ideal also für Gäste, die ansonsten keine trockenen Weine trinken. Im Abgang hat dieses Gewächs sogar etwas Frische, die ihn jung hält.

Gesamturteil: Ein bulliger Australier, den seine Macher genau auf den Geschmack des Weltmarktes getrimmt haben: viel Schmelz, starkes Aroma, einnehmend. Kein Wein für zarte Gemüter.

4. Weiße Bukettsorte

Samstagabend, der Tisch ist feierlich gedeckt für die Gäste, die Kerzen brennen, das Silberbesteck funkelt – aber das Essen in der Küche schmeckt nach nichts! Kein Aroma! Ihr Partner verzweifelt am Herd: Wie ist die Speise noch zu retten? Welches Gewürz könnte das Wunder vollbringen? Aber selbst wenn man das wüsste, es sind keine Gewürze mehr im Haus. Alle aufgebraucht beim letzten Familienbuffet. Was tun? Gleich klingelt es an der Tür! „Keine Sorge", sagen Sie, holen aus dem Keller eine Flasche weißen Wein einer Aromasorte und gießen etwas davon in die fade Sauce – der Abend ist gerettet.

So schön dies auch wäre, die Bukettsorte wird Sie aus dieser Situation nicht retten. Ein Schuss Wein schadet zwar kaum einem Gericht, die Bukettsorte mit ihren Gewürzaromen übernimmt aber direkt die Geschmacksführerschaft im Topf. Seien Sie also beim Gebrauch vorsichtig! Ein wenig Gewürztraminer und Rosen sprießen aus dem Edelstahlkochtopf, etwas Muskateller und eine Handvoll Muskatnüsse treiben auf dem Sud. Wollte man ein Musiker-Pendant zu diesen Weinen suchen, so wären sie Solo-Gitarristen: Die Show gehört ihnen, die Band ist nur schmückendes Beiwerk.

Alle Weine haben ein Aroma, weswegen die neben Bukettsorte geläufige Bezeichnung Aromasorte auch leicht irreführend ist. Aber die Rebsorten dieser Gruppe haben zum einen ein besonders starkes – viele sagen „parfümiertes" – und zum anderen ein besonders würziges Aroma. Eigentlich könnte man sich dabei den Vorsatz „weiße" Aromasorte sparen, denn rote gibt es nicht in größerem Maße. Nur in Württemberg stehen ein paar Rebstöcke mit Muskatlemberger und Muskattrollinger, aber das wär's dann auch schon.

Die wohl bekanntesten weißen Aroma- oder Bukettsorten Traminer und Muscat sind auf der ganzen Welt verbreitet; mit die berühmtesten Weine dieser Art stammen aus Deutschland und Frankreich, genauer aus dem Elsass. Aber auch vielen anderen Weinen weltweit greifen Bukettsorten „unter die Arme". Werden sie nämlich in einem Cuvée mit aromaschwächeren Rebsorten vermählt, bereichern sie deren Bukett mit exotischen Noten.

INFO-KASTEN

Weintyp:
Weiße Bukettsorte (Aromasorte)

Aussehen:
Meist goldgelb in der Farbe

Duft:
Rosen, Muskatnuss, Nelken, Litschi, Rosinen. Kann je nach Rebsorte sehr unterschiedlich sein!

Geschmack:
Wirkt – auch als trockener Wein – stets süß. Enthält meist wenig Säure und viel Alkohol. Hat aufgrund des starken Aromas etwas ganz Eigenes.

Preiskategorie:
2–8 Euro

Etwas ganz Spezielles: Die aromatischen weißen Bukettsorten passen ideal zu asiatischen Speisen.

Neuzüchtungen

Nicht erst seit Erfindung der Gentechnik kommen die Menschen auf die Idee, der Natur unter die Arme zu greifen. Bei Rebsorten führt das zu Neuzüchtungen. Gemeint sind damit Kreuzungen verschiedener Rebsorten, aus denen neue Sorten hervorgehen, welche verschiedene Eigenschaften ihrer „Väter“ und „Mütter“ vereinen. Die berühmteste Neuzüchtung im deutschen Raum ist der Müller-Thurgau, heute auch oftmals als Rivaner bezeichnet. Diese Kreuzung aus Riesling und Gutedel wurde 1882 im Rheingau von Prof. Hermann Müller (aus dem schweizerischen Thurgau stammend) durchgeführt. Sie gilt als die älteste Neuzüchtung überhaupt. In Deutschland ist diese Rebe immer noch ganz oben in den Statistiken der angebauten Sorten zu finden.

Prof. Hermann Müller aus Thurgau (Schweiz)

Vielen anderen Neuzüchtungen war kein solcher Erfolg beschieden: Kerner, Scheurebe, Bacchus, Kanzler, Morio-Muskat oder Huxelrebe – sie alle sind seit Jahren flächenmäßig auf dem absteigenden Ast. Diese Sorten wurden gezüchtet, weil man Reben wollte, die zum einen früher reiften und so in jedem Jahr Trauben von Spätlesenqualität erbrachten und welche zum anderen sehr hohe und sichere Erträge ergaben. Qualität war nicht das Ziel, und so verwundert es wenig, dass kaum eine dieser Züchtungen so gut wie die klassischen Rebsorten (z. B. Riesling, Silvaner, Burgundersorten) ist.

Wie gesagt, sind diese Neuzüchtungen im Niedergang befindlich, rote Kreuzungen legten in den letzten Jahren dagegen einen kometenhaften Aufstieg hin, vor allem Dornfelder und Regent. Der Dornfelder wurde ursprünglich übrigens als „Deckrotwein“ gezüchtet. Er sollte anderen Rotweinen zugefügt werden, die eine weniger dunkle Farbe hatten, um diese „einzufärben“. Schnell erkannten die Winzer jedoch, dass der Dornfelder qualitativ durchaus eine Daseinsberechtigung hat und ein großes Publikum finden würde. Neuzüchtungen sind übrigens ein fast rein deutsches Phänomen. Außerhalb der Bundesrepublik haben Neuzüchtungen in Europa niemals eine große Rolle gespielt.

1 Im Gewürztraminer steckt der Duft von Rosen.

2 Eine der ältesten Rebsorten: Muscat.

3 Der Grauburgunder – eine badische Spezialität.

Drei typische Rebsorten für „Weiße Bukettsorte"

Gewürztraminer

Der Gewürztraminer ist, wie man so schön sagt, eine „Spielart" des Traminers. Und wie sein Name schon andeutet, verfügt er über würzige Aromen, die unter anderem an Rosen und Litschis erinnern. Der Gewürztraminer protzt geradezu damit, weswegen er schwer mit Speisen zu kombinieren ist und einen starken Gegenpart braucht. Auch die französischen Bezeichnungen für diese Rebsorte deuten auf sein ausgeprägtes Bukett hin: Traminer Parfumé oder Traminer Aromatique.

Zumeist wird der Wein mild ausgebaut, er kann aber auch in der trockenen Variante sehr beeindruckend sein. Die rosafarbenen Beeren ergeben einen sehr weichen Wein, der vor allem im Elsass, in Deutschland, Österreich und Norditalien zu finden ist. Der Gewürztraminer gehört wie so viele andere Reben einer Familie an, mit der er genetisch verwandt ist. Beim Gewürztraminer ist dies die Traminer-Familie, die ihre Bezeichnung vom gleichnamigen Ort in Südtirol hat. Erstmals erwähnt wurde sie um 1000 n. Chr.

Der Duft erinnert an Rosen, Litschies, Marzipan, Feigen, Quitten, Rosinen oder Akazienhonig.

Muscat

Wer Muscat trinkt, genießt Weinhistorie, ja geradezu Weinarchäologie, denn bei dieser Rebe handelt es sich um eine der ältesten Weinsorten überhaupt. Wer so eine lange Geschichte hat, der kann auch eine große Familie sein Eigen nennen. Die Varianten sind ungezählt: Moscatel, Moscato, Muscadelle, Muskat, Rosenmuskateller usw. Hauptsitz des Clans ist der Mittelmeerraum, aber auch in Deutschland ist ein Angehöriger anzutreffen: der Muskateller. Dieser wird sowohl trocken als auch mild ausgebaut. Nur knapp 100 Hektar sind mit der Rebe hier bestockt, weswegen Sie es als Glück ansehen können, einem aus dieser Sorte hergestellten Wein in Deutschland zu begegnen. Sehr bekannt ist der Muscat d'Alsace, der aus zwei unterschiedlichen Muskateller-Varianten hergestellt wird.

Das faszinierende an Wein aus Muscat-Trauben ist, dass er tatsächlich nach Trauben schmeckt. Man sollte annehmen, dass dies der Normalfall ist, aber dem ist nicht so. Dazu verfügt die Muscat-Familie über eine prägnante, saftige Säure. Die hellgoldenen bis tiefbraunen Weine haben zudem ein großes Alterungspotential.

Ihr Duft erinnert an Grapefruit, Zitronenschale oder Anis.

Pinot Gris/Pinot Grigio/Grauburgunder/Ruländer

Hier herrscht wieder einmal die babylonische Sprachverwirrung: In Deutschland wird dieser Wein als Grauer Burgunder, Grauburgunder oder Ruländer, im Elsass als Tokay d'Alsace, in der Ostschweiz als Tokayer, im Wallis und im Valle d'Aosta als Malvoisie und in Italien als Pinot Grigio bezeichnet.

Woher kommt der Name? Im Reifestadium weisen die Trauben eine ins Grau spielende Rosafärbung auf. Sie liefern beeindruckende Weine, wenn sie nicht – wie früher in Baden üblich – fett und plump ausgebaut werden. Der Pinot Gris präsentiert sich in seiner Jugend weitaus gefälliger als sein Verwandter, der Pinot Blanc. Er wird nicht immer in die Gruppe der Bukettsorten eingereiht, besitzt aber sehr würzige Aromen und ein betörendes, offenes Bukett. Für einen Weißwein hat der Pinot Gris zudem eine bemerkenswerte Farbe und viel Substanz.

Der Name Pinot geht übrigens auf die Form der Trauben zurück, die Kiefer-Zapfen ähneln, welche auf französisch „pin" heißen. Im deutschen heißt die Pinot-Familie Burgunder.

Im Duft finden sich herrliche Anklänge von Bittermandeln, Kastanien, Datteln, aber auch etwas Spekulatiusgewürz oder ein Hauch von Quitten.

Drei typische Anbaugebiete für „Weiße Bukettsorte"

Rheinhessen

Schauen Sie genau hin, wenn Sie durch das deutsche Anbaugebiet Rheinhessen reisen, denn Sie könnten einen Trullo sehen! Dabei handelt es sich nicht um ein Fabeltier, sondern um die fabelhaften runden Weinbergshäuschen mitten in den Rebhängen. In diesen weißgekalkten Bauten stellten die Winzer früher ihre Werkzeuge ab.

Rheinhessen ist heute das größte deutsche Weinanbaugebiet und Geburtsort der weltweit bekannten Liebfrauenmilch. Dieser Wein stammt ursprünglich aus den Weinbergen der Liebfrauenstiftskirche in Worms. Heute dürfen sich jedoch auch Weine aus der Pfalz, Nahe und dem Rheingau so nennen. Im Ausland glaubt man oft, alle deutschen Weine wären wie die Liebfrauenmilch „cheap and sweet", billig und süß. Dabei gibt es so viele fantastische trockene Weine in Deutschland.

In Rheinhessen stammen die bekanntesten von der so genannten Rheinfront um Nierstein mit dem Roten Hang. Dieser hat seinen Namen vom roten Tonschiefer aus der Permzeit (250 Mio. Jahre ist das schon her), der die Weinberge durchzieht. Die Rebsortenstatistik führt hier der Müller-Thurgau an, gefolgt von unzähligen anderen Rebsorten. Kein deutsches Anbaugebiet ist so experimentierfreudig wie Rheinhessen. Ob traditionelle Rebsorten wie Muskateller oder Gewürztraminer, die sonst zumeist aus den Weinbergen verschwunden sind, oder Neuzüchtungen aus den Rebschulen wie Dornfelder oder Regent – in Rheinhessen werden Sie fündig werden!

Elsass

Die Hauptstadt des Elsass ist Straßburg, doch die des Elsässer Weinbaus ist Colmar. Die lange Zeit deutscher Herrschaft schlägt sich immer noch in den typischen Speisen und der Sprache nieder, aber auch in den dort gepflanzten Rebsorten: Gewürztraminer, Riesling, Grauburgunder, Muskateller, Spätburgunder, Silvaner oder Gutedel werden angebaut – alles Trauben, die man auch in vielen deutschen Anbaugebieten findet. Das ostfranzösische Weinanbaugebiet an den Hängen der Vogesen liegt ja auch genau gegenüber von Baden. Die Weine sind häufig etwas alkoholstärker als die der deutschen Kollegen und sie bestechen durch ihren mundfüllenden Körper. Zu fast 100 % werden hier Weißweine erzeugt, wovon der Edelzwicker der bekannteste, wenngleich bei weitem nicht der beste ist. Die Elsässer Weine werden traditionell in hohe schlanke Flaschen gefüllt, die so genannten „flutes". Doch nicht nur wegen seiner Weine lohnt das Elsass einen Besuch. Viele Fachwerkhäuser und Stadtbefestigungen erwecken noch heute den Eindruck, man befände sich im Mittelalter. Eine besonders angenehme Art der Zeitreise, gepaart mit Weingenuss.

Steiermark

Südlicher als im kleinen Anbaugebiet Steiermark wird in Österreich kein Wein angebaut. Und die wenigen Reben, die hier stehen, findet man häufig in voneinander weit entfernten steilen Südhängen. Als klassische Weißweinregion werden vor allem die Rebsorten Welschriesling, Müller-Thurgau und Pinot Blanc angebaut. Im Süden des Anbaugebiets finden sich auch Spezialitäten wie die traumhaften Kreszenzen aus Gewürztraminer (vor allem beim Ort Klöch) oder Muskateller.

Den Weinen aus der Steiermark wird nachgesagt, sie hätten mehr mit den Gewächsen aus dem benachbarten Slowenien gemein als mit denen anderer österreichischer Anbaugebiete. Fest steht, dass in der kleinen Region einige der besten trockenen Weißweine Österreichs erzeugt werden. Nicht nur die steirische Hauptstadt Graz ist Ziel vieler Touristen. Auch das schöne Anbaugebiet selbst, idyllisch in den Ostalpen gelegen, ist einen Besuch wert.

Deutschlands größtes Weinanbaugebiet: Rheinhessen.

Das Elsass ist berühmt für seinen Gewürztraminer.

Die Steiermark ist eines der besten Weinanbaugebiete Österreichs.

INFO-KASTEN

Weiße Bukettsorten

Passen zu: Scharfen und exotischen Speisen, „Ethno-Küche“ (z. B. asiatisch, südamerikanisch), aromatischem Käse.
Temperatur: 8–13 °C. Je wärmer, desto schwerer wirken die oft körperreichen Weine.

Wein und Speisen

Rosen, Muskatnuss, Nelken, Litschi, Rosinen – mit welchen leiblichen Genüssen vertragen sich diese Aromen? Am Anfang dieses Kapitels wurde es schon angemerkt: Aromaweine bzw. Bukettsorten beherrschen die Tafel – es sei denn, ihnen werden ebenso beherrschende Partner gegenübergestellt. Aromaweine sind etwas für mutige Köche. Experimentieren Sie mit allerlei Obst in herzhaften Speisen? Mit süßen Saucen? Exotischen Früchten? Sind Sie aufgeschlossen für die scharfen Spezialitäten Südamerikas, wie beispielsweise Chili? Oder für jene Asiens, für all die süß-scharfen Pasten, die einem die Tränen in die Augen treiben? Oder das pulverisierte Gold namens Curry? All diese Speisen sind kompliziert, will man sie mit einem Wein vermählen. Entgegen aller menschlicher Erfahrung funktioniert es in diesem Fall, zwei Selbstdarsteller zusammenzubringen. Aromaweine und exotische Speisen passen zueinander wie der sprichwörtliche Topf auf den Deckel. Gerade zu der heute häufig als „Ethno-Küche“ bezeichneten Cuisine bilden die Aromaweine traumhafte Begleiter. Dabei sollten Sie Weine mit leichter Restsüße bevorzugen – bei deutschen Weinen also halbtrockene oder leicht milde –, weil dies die Schärfe gut auffängt. Und wenn Sie einen aromatischen Käse erstanden haben, der sich bisher standhaft gegen alle Annäherungsversuche von Weinen gewehrt hat – ein Aromawein wird ihn zähmen!

Scampi-Curry

Für 4 Personen
Zubereitungszeit: 1 Std.

1 EL frischer Ingwer
1 EL Knoblauch
2 Zwiebeln
2 EL Erdnussöl
15 frische kleine Maiskölbchen
1 Bd. Frühlingszwiebeln
Salz, Pfeffer aus der Mühle
2 TL rote Currypaste
6 EL Fischfond (a. d. Glas)
2 TL Austernsauce
250 ml Wasser
500 g Scampischwänze
3 EL Korianderblättchen

1. Ingwer, Knoblauch und Zwiebeln schälen und hacken. In einer tiefen Pfanne im heißen Erdnussöl anbraten. Die Maiskölbchen und die Frühlingszwiebeln schneiden. Beides zufügen und ca. 5 Minuten unter Rühren braten. Salzen und pfeffern.

2. Currypaste, Fischfond und die Austernsauce mit dem Wasser verquirlen und zu dem Gemüse in der Pfanne gießen. 5 Minuten köcheln lassen, bis die Sauce sattrot und angedickt ist.

3. Die Scampi schälen und – falls nötig – entdarmen. Zum Gemüse in die Currysauce geben und weitere 5 Minuten köcheln lassen, bis die Scampi warm sind. Dann alles in einer Schale anrichten, den Koriander hacken und das Curry damit bestreuen.

Weiße Bukettsorte

Unser Proben-Wein:

Name: Deutsches Weintor Morio-Muskat Qualitätswein lieblich

Herkunft: Pfalz

Rebsorten: Morio-Muskat

Preis: Um 3 Euro

Nase: Hier wuchern die Rosen. Egal ob Sie dieser Wein an feine Rosenseife, Rosenwasser oder die Blume selbst erinnert – Rose werden Sie auf jeden Fall riechen. Außerdem finden sich noch Lorbeer, Mango und grüne Birne im einnehmenden Bukett.

Geschmack: Das wunderschöne Rosenaroma bleibt auch im Mund. Aber der Wein hat noch mehr zu bieten, er wirkt fast mineralisch, ist fein, würzig und elegant.

Gesamturteil: Viele Weine aus Bukettsorten sind aufdringlich, übermäßig süß und haben teilweise einen bitteren Abgang. Dieses gelungene Exemplar nicht: Verhalten und fruchtig bricht er eine Lanze für diesen unterschätzten Weintyp.

Auch gut:

Name: Viala Sweet

Herkunft: Italien

Rebsorten: Cuvée verschiedener Rebsorten

Preis: Um 3 Euro

Nase: Dieser Wein bietet ebenfalls ein schönes Rosenaroma, ebenso finden sich auch Lorbeeren. Dazu gesellt sich eine frische Limetten-Note und ein für diesen Weintyp ungewöhnlicher Toast-Anklang. Spannend, dieser Wein.

Geschmack: Der Wein moussiert leicht, was ihn feingliedriger erscheinen lässt. Die sehr, sehr saftige Süße ist angenehm und einfach lecker. Im leicht bitteren Abgang wirkt der Wein sogar trocken und bleibt lange im Mund.

Gesamturteil: Dieser Wein ist nicht so klar wie der Morio-Muskat, dafür etwas weicher und ausladender. Er ist ebenfalls ein sehr gutes Exemplar dieses Weintyps. Man könnte sagen, die moderne Interpretation einer klassischen Weinart.

5. Süßer Weißwein

„Sweets for my sweet, sugar for my honey", heißt es in einem Hit aus den 60er Jahren: „Süßes für meine Süße, Zucker für meinen Honig", wörtlich und erstaunlich sinnleer übersetzt. Aber die Aussage bleibt nichtsdestotrotz wahr. Wollen wir unserer Süßen bzw. unserem Süßen etwas Gutes tun, dann am besten mit etwas adäquatem, also etwas Süßem. Um diese Galanterie abwechslungsreicher zu gestalten, schufen die Winzer die süßen Weine – damit wir nicht immer auf Schokolade, Marzipan oder Gummibärchen zurückgreifen müssen. Und süße Weine, auch gern als mild oder lieblich bezeichnet, sind Tropfen, bei denen ein deutlich schmeckbarer Teil des Fruchtzuckers nicht zu Alkohol vergoren ist. Früher entstanden viele Weine dadurch, dass man den Most ganz normal durchgären ließ, also möglichst vollständig den Fruchtzucker via Hefe in Alkohol verwandelte, und dann dem fertigen Wein die so genannte Süßreserve zugab. Bei dieser handelt es sich um nichts anderes als Traubensaft. Heutzutage stoppt man die Gärung eher durch Kälte – dann stellen die Hefen nämlich sofort ihre Arbeit ein – und erhält so den gewünschten Rest unvergorenen Fruchtzuckers.

Das Spektrum süßer Weine reicht weit: von kaum schmeckbarer Süße bis zu honigartiger Klebrigkeit. Nirgendwo finden sich so viele Abstufungen wie in Deutschland. Nicht nur „halbtrocken" und „mild" helfen Ihnen hier weiter. Von Kabinett über Spätlese, Auslese, Beerenauslese, Eiswein bis schließlich zur Trockenbeerenauslese werden die süßen Weine immer süßer. Neben deutschen Süßweinen sind vor allem jene aus Sauternes im französischen Bordeauxgebiet, die österreichischen „Ausbrüche" und der ungarische Tokajer berühmt. Aber eigentlich wird fast in jedem Weinland der Welt, zum Teil aber nur in sehr geringen Mengen, süßer Wein erzeugt. Süßwein ist zumeist Weißwein. Es gibt zwar einige süße Rote, aber diese stellen nur Exoten dar.

Wenn Sie französischen, italienischen, spanischen, australischen oder beispielsweise chilenischen Wein kaufen, können Sie davon ausgehen, dass dieser trocken ist. Bei deutschem Wein ist das ganz anders. Da die heimischen Weine aufgrund Deutschlands nördlicher Lage viel Säure mit auf die Flasche bekommen, ist häufig ein wenig Restsüße nötig, um der Säure die Spitze zu nehmen und den Wein harmonischer erscheinen zu lassen. In den letzten Jahren gab es in Deutschland allerdings einen wahren „Trocken-Boom". Lassen Sie sich davon nicht beeindrucken. Gerade die bei einigen so verpönten halbtrockenen Weine bieten oftmals den harmonischeren Gesamteindruck und sind auch als Essensbegleiter ideal – vielleicht sogar idealer als ihre trockenen Pendants.

INFO-KASTEN

Weintyp:
Süßer Weißwein

Aussehen:
Goldgelb in der Farbe. Faustregel: je dunkler, desto süßer (oder älter)

Duft:
Honig, Nussaromen, Karamell, Trockenobst, Rosinen, Orangenschalen, Feigen

Geschmack:
Süß – von saftig wie ein reifer Apfel bis ölig wie Honig

Preiskategorie:
2–7 Euro

Süße Weine müssen mitnichten klebrig oder zuckrig sein. Harmonie ist auch hier oberstes Gebot.

„Botrytis Cinerea"

Selten liegen Freud und Leid eines Winzers so nah zusammen wie beim Schimmelpilz Botrytis Cinerea. Befällt dieser reife, unbeschädigte weiße Trauben, wird er als Edelfäule bezeichnet und ist hoch willkommen. Findet man ihn dagegen auf unreifen, beschädigten Trauben, so gilt er als Grau- oder Rohfäule und die von ihm befallenen Trauben können zur Weinproduktion nicht mehr verwendet werden.

Interessanter für jeden Weintrinker ist natürlich, zu welch positivem Effekt der Pilz führen kann. Setzt sich der Pilz auf reife, unbeschädigte Trauben, führt dies dazu, dass deren Beerenhaut durchlässiger wird und Wasser verdunstet. Die anderen Inhaltsstoffe des Saftes, unter anderem Zucker, werden dadurch konzentriert. Zudem kommt durch den Botrytis-Befall noch ein besonderer Ton in den Wein, den einige als honigwürzig bezeichnen oder auch mit dem Aroma gekochten Kohls vergleichen. Im Endstadium sehen die befallenen Trauben wie Rosinen aus, die mit grauem Staub bedeckt sind. Daher auch der Name des Schimmelpilzes: Cinereus ist lateinisch und bedeutet aschgrau. Appetitlich sieht das beileibe nicht aus, aber nur auf diese Art und Weise können die langlebigsten süßen Weine der Welt entstehen.

Bei trockenen Weinen ist Botrytis dagegen nicht erwünscht. Hier führt der Pilz zu vorzeitigem Altern. Auch bei Rotweinen wird der Pilz nicht gern gesehen, zerstört er doch Farbe, Gerbstoffe und beeinträchtigt den Geschmack. Ideal für den Pilz ist gemäßigtes Klima, besonders liebt er den Frühnebel.

Schimmeliges Winzerglück

1

2

3

1 In Chile die Nummer 1: Sémillon.

2 Das Herz des Tokajers: Furmint.

3 Auch für süße Weine ideal: Riesling.

Drei typische Rebsorten für „Süßen Weißwein"

Sémillon

Sémillon ist der Lieblingspartner des Sauvignon Blanc. Im Südwesten Frankreichs werden die beiden Rebsorten sehr häufig miteinander in Cuvées vermählt. Dabei stellt die Sémillon bei trockenen Weinen (Graves) fast immer den kleineren Anteil, bei süßen (Sauternes) jedoch den größeren. Sémillon rebsortenrein ausgebaut, kann viel Charakter und Klasse zeigen – aber auch zu wenig Säure, Frische und Fruchtigkeit. In der Neuen Welt hat die goldgelbe Rebe ebenfalls ihren Weg gemacht, am erfolgreichsten in Chile, wo sie die führende weiße Sorte ist. Aber auch in Argentinien, Südafrika und Australien (Hunter Valley) ist sie anzutreffen.

Ihr Duft erinnert an Honig, Ananas, Pfirsich oder Aprikose.

Furmint

Die Furmint ist die große weiße Rebsorte Ungarns. Sie ist die Grundlage der weltweit bekannten süßen Tokajer und bringt vor allem zwei Eigenschaften mit sich: Säure und viel Zucker. Beides führt dazu, dass sich die aus dieser Rebsorte hergestellten Weine einer sehr langen Lebensdauer erfreuen. Zudem hat sie einen ganz eigentümlichen Geschmack, der den Tokajer so begehrt macht. Zumeist gibt man bei diesem Wein noch etwas Hárslevelü (kein Name, den man sich unbedingt merken müsste ...) und in einigen Fällen Gelber Muskateller dazu. Das Geheimnis des Tokajers ist, dass er eine gewisse Zeit in nur etwa zu vier Fünftel vollen Holzfässern gelagert wird, in denen sich dann ein Hefefilm bildet, ähnlich der so genannten Florhefe des Fino Sherrys.

Bei Tokajern findet sich zudem eine einzigartige Qualitätsangabe, die ebenfalls mit dem besonderen Herstellungsprozess zusammenhängt. Die hochwertigen Tokajer, die so genannten Tokaj Aszú, haben alle einen Zusatz, der ihren Süßegrad angibt – mit Namen „Puttonyos". Dieser steht für „Bütten". Bei der Ernte werden die mit Edelfäule befallenen Beeren – diese führen zu höheren Zuckergraden – in eben diese Bütten sortiert. Nun werden von diesen qualitativ hochwertigsten Trauben eine bis sechs Bütten zum „normalen" Tokajer dazugegeben. Der fertige Wein heißt dann beispielsweise Tokajer Aszú 4 Puttonyos. Der rarste Tokajer wird nur aus den Bütten-Trauben erzeugt, er heißt Tokaji Eszencia und ist ebenso teuer wie fabelhaft.

Im Duft sind Anklänge von Rosinen, Mandeln, Brot und einer „feurigen" Note zu finden.

Riesling

Auch in der Kategorie der süßen Weißweine taucht der Riesling wieder auf. Zum zweiten Mal und er hätte sogar durchaus noch öfter erwähnt werden können. Das zeigt die unglaubliche Vielseitigkeit dieser Rebsorte. Egal ob er in der trockenen Variante erzeugt wird oder in der süßen, egal ob alkoholarm oder alkoholreich – der Riesling weiß stets zu überzeugen. Und wie kaum eine andere Rebsorte spiegelt er den Boden wider, auf dem er gewachsen ist. Dies alles sind Gründe, warum die Riesling-Rebe als die Königin des Weißweins gilt. Es gibt nicht den einen typischen Riesling, sondern es gibt eine ganze Welt des Rieslings.

Die edelsüßen Rieslinge zeichnen sich vor allem durch eine frische Säure aus, die den Wein lebendig und spritzig hält. Im Idealfall spricht man von einem explosiven Säure-Süße-Verhältnis. Und in der Tat kann es einem – allerdings kühlen – Feuerwerk gleichen, was sich bei edelsüßen Rieslingen auf der Zunge abspielt.

Der Duft erinnert an Apfel, Pfirsich, Aprikose, Zitrus oder im Alter auch Petrol.

Drei typische Anbaugebiete für „Süßen Weißwein"

Mosel-Saar-Ruwer

Auf den 200 Kilometern Rebhängen entlang der Mosel zwischen Trier und Koblenz sowie den beiden Nebenflüssen Saar und Ruwer wachsen die größten süßen Rieslinge Deutschlands. Das liegt vor allem daran, dass das Klima in Deutschlands viertgrößtem Weinanbaugebiet so kühl ist. Hier können die berühmten Weine aus der Riesling-Rebe eine knackige Säure entwickeln, welche die süßen Weine wunderbar frisch und lebendig hält.

Aus so bekannten Weinorten wie Bernkastel-Kues, Traben-Trarbach oder Ürzig kommen einige der teuersten Weine Deutschlands. Die edelsüßen Trockenbeerenauslesen oder Eisweine vereinen Eleganz und Rasse wie wenige andere Weine. Nirgendwo in Deutschland finden sich so viele Spitzenlagen wie an Mosel, Saar und Ruwer, nirgendwo so viele feine Rieslingweine. Zudem zählt das Flusstal zu einer der schönsten Gegenden Deutschlands. Kultur in Form von Schlössern und Burgen findet sich zuhauf an den steilen Hängen dieses deutschen Renommiergebiets.

Ungarn

Ungarn ist das Land Osteuropas, in das bezüglich Wein die größten Hoffnungen gesetzt werden. Investoren aus Frankreich, Italien, Spanien, Deutschland oder den Überseeländern strömen dorthin. Das hat dazu geführt, dass Ungarn im Osten Europas zu den führenden Produzenten gehört. Das Land hat 20 Weinanbaugebiete, von denen Tokaj-Hegyalja das bekannteste ist. In fast allen Landesteilen, in denen sich keine Berge erheben, wird Wein produziert.

Wenig bekannt ist die Tatsache, dass Ungarn über einige der schönsten Rebsortennamen verfügt. Blumigere finden sich weltweit nicht: Lindenblättriger (Hárslevelü), Tausendgut (Ezerjó), Blaustengler (Kéknyelü), Mädchentraube (Leányka) oder Stierblut (Bikavér). Der bekannteste Wein des Landes ist aber der edelsüße Tokajer, der neben den Erzeugnissen aus Sauternes-Barsac sowie den deutschen und österreichischen Süßweinen zu den größten Gewächsen der Welt zählt.

Sauternes

Die größten edelsüßen Weine Frankreichs kommen aus einem Teil Bordeauxs, das am Fluss Ciron liegt: Sauternes. Auch der berühmteste – und teuerste – Süßwein Frankreichs stammt von dort, der Château d'Yquem. Eigentlich ist Sauternes nur der Name eines winzigen Dorfes, aber wie das Schicksal so spielt, wurde es auserkoren, dem ganzen Anbaugebiet seinen Namen zu geben. Unter dem Begriff Sauternes dürfen keine trockenen Weine verkauft werden, deshalb werden auch kaum welche produziert. Wenn doch, heißen sie schlicht Bordeaux, ohne irgendeinen Zusatz. Was hier an süßen Weinen erzeugt wird, entspricht den deutschen Beerenauslesen oder Trockenbeerenauslesen. Es handelt sich also um Wein aus edelfaulen Trauben. Im Unterschied zu ihren deutschen Konkurrenten sind sie jedoch deutlich höher im Alkohol (um 14 % Vol.), im Mund cremiger und sollten auf jeden Fall lange gelagert werden, bevor sie genossen werden. Sie werden aus den Rebsorten Sémillon und Sauvignon Blanc hergestellt.

Der bekannteste der fünf Sauternes-Orte (außer Sauternes selbst natürlich) ist Barsac. Die Weine der im Norden des Anbaugebiets gelegenen Gegend sind die schlanksten und elegantesten. Wer Feinheit sucht, liegt bei ihnen genau richtig.

Mosel-Saar-Ruwer ist international immer noch der Inbegriff deutschen Weins.

Investoren aus der ganzen Welt strömen nach Ungarn.

Sauternes – Heimat des berühmtesten Süßweins Frankreichs.

INFO-KASTEN

Süße Weißweine

Passen zu: Obstkuchen, fetten Speisen (z. B. Gänseleber), salzigen fetten Käsen (z. B. Stilton), scharfer asiatischer Küche – oder auch „nur so"! **Temperatur:** 12–16 °C. Je kühler der Wein, desto weniger süß wirkt er. Große Süßweine sollten am oberen Ende der Temperaturspanne getrunken werden.

Wein und Speisen

Die Frage, ob ein Süßwein durch eine Speise besser werden kann, ist eine Frage des Glaubens. Viele sind davon überzeugt, dass diese geschmacklichen Monolithen allein genossen werden sollten, andere sehen die Vollendung eines Weins stets in seiner Vermählung mit einer Speise. Fest steht jedoch, dass süße Weine viel zu selten mit Speisen kombiniert werden, und das, obwohl ausnahmslos jeder, der jemals einen gereiften Sauternes mit einem Stilton genossen hat, darüber ins Schwärmen gerät. Auch warmer Apfelstrudel und eine Riesling-Beerenauslese sind ein Traum. Grundsätzlich muss die Süße des Weins von der Speise aufgefangen werden – und zwar nicht unbedingt mit Süße. Fett – wie bei einer exquisiten Gänseleber –, Schärfe – wie bei der asiatischen Küche – oder Salz – wie bei vielen Käsen – können dies auch leisten. Wenn Sie ein süßes Gericht wählen, sollte der Wein jedoch stets süßer sein als dieses. Hände weg heißt es bei Eis- oder Schokoladendesserts. Erstere sollten wegen ihrer Kälte pur genossen werden, bei letzteren lohnt sich die Wahl von aufgespriteten Weinen (ihnen wird Alkohol zugesetzt) wie Tawny Port oder Banyuls. Bei leichten Obstdesserts droht dagegen keine Gefahr. Sie können sehr gut von jungen, spritzigen Süßweinen begleitet werden. Die Chance, ein Dessert kongenial mit einem edelsüßen Wein zu begleiten, sollte man nicht vorüberziehen lassen. Und gibt es zufällig kein Dessert, dann bietet sich Ihnen immer noch die Möglichkeit, einen Süßwein als Aperitif oder Digestif zu wählen. Wer eine Gelegenheit sucht, der wird sie auch finden.

Aprikosen-Tarte

Für eine Tarte von ca 26 cm Durchmesser
Zubereitungszeit: 1 Stunde
Kühlzeit: 30 Min.

Für den Mürbeteig:
300 g Mehl
1 Ei
100 g Zucker
1 Prise Salz
1 Prise Zimt
200 g Butter
Fett für die Form

Für den Belag:
700 g Aprikosen aus der Dose
150 g saure Sahne
2 Eier
3 EL gehackte Pistazien

1. Das Mehl in eine Schüssel sieben. Ei, Zucker, Salz, Zimt und Butter in kleinen Stückchen darauf geben. Rasch zu einem glatten Teig verkneten, zu einer Kugel formen und in Frischhaltefolie eine halbe Stunde im Kühlschrank ruhen lassen. Dann eine Springform von ca. 26 cm Durchmesser mit Butter auspinseln und mit dem Teig gleichmäßig auslegen. Am Rand ca. 4 cm hoch ziehen.

2. Die Aprikosen auf dem Teig verteilen und im vorgeheizten Backofen bei 200 °C ca. 10 Minuten vorbacken.

3. In der Zwischenzeit die saure Sahne und die Eier gut verrühren.

4. Den Teig mit den Aprikosen aus dem Ofen nehmen, den Guss darüber geben und in ca. 30 Minuten fertig backen. Anschließend aus der Form nehmen, die gehackten Pistazien darüber streuen und servieren.

Süßer Weißwein

Unser Proben-Wein:

Name: Staatsweingüter Kloster Eberbach „Rauenthaler Steinmächer“ Riesling Qualitätswein mild

Herkunft: Rheingau (Deutschland)

Rebsorten: Riesling

Preis: Um 5 Euro

Nase: Ein Wein mit sehr komplexem Aroma: Ein Hauch Minze findet sich, ebenso Pfirsich, Honig und Bratapfel. Die Fruchtaromen sind klar und angenehm, die Rieslingfrucht ist ganz deutlich. So sollten Weine dieser Rebsorte aus Deutschland duften!

Geschmack: Der fast durchsichtige Wein ist sehr lebendig im Mund. Die kräftige Säure puffert die Süße hervorragend ab und macht den Wein saftig. Der Abgang hinterlässt das erfrischende Gefühl, gerade in einen reifen roten Apfel gebissen zu haben.

Gesamturteil: Ein milder Wein, der eindrucksvoll beweist, dass mild nicht gleichbedeutend mit klebrig oder pappig süß ist. Hier geben sich Süße und Säure ein explosives Stelldichein und der Wein wirkt mitnichten, als hätte er auch nur ein Gramm Restzucker zuviel.

Auch gut:

Name: Franz Wilhelm Langguth Erben „Erben Kabinett“ mild

Herkunft: Rheinhessen (Deutschland)

Rebsorten: Cuvée (aus rund 20 verschiedenen Rebsorten!)

Preis: Um 3 Euro

Nase: Dieser Wein ist wie ein Ausflug in die Alpen. Stellen Sie sich eine Sommerwiese nach dem Regen vor, gerade erst kam der Bauer mit der Sense vorbei und mähte das Gras. Das Kräuter-Aroma steigt in Ihre Nase und aus der Dorfkneipe im Tal kommt noch der Duft von Malz.

Geschmack: Im Mund findet sich ein sehr saftiger roter Apfel. Die Säure ist pikant, aber doch so verhalten, dass der Wein cremig wirkt. Leicht und frisch ist die Art dieses Gewächses und der Wein wirkt kein bisschen klebrig.

Gesamturteil: Der Kabinett ist viel besser als sein großer Bruder, die Spätlese aus gleichem Hause. Wie der komplexere und faszinierendere „Rauenthaler Steinmächer“ ist auch dieser Wein keineswegs süß, sondern erfrischend und unkompliziert.

Auf einen Blick:

10 Fakten, die man über Weißwein wissen muss

1 Weißwein kann aus weißen und roten Trauben erzeugt werden. Bei letzteren trägt der Wein zumeist die Aufschrift „Blanc de Noir". Das Geheimnis dahinter ist folgendes: Traubensaft ist immer klar, die Farbe steckt in der Beerenschale und wird bei der Rotwein-Gärung herausgelöst.

2 Bukettsorten sind fast ausnahmslos weiß. Die wenigen roten Varianten konnten sich nie in größerer Anzahl durchsetzen.

3 Zitrus- und Orangenaromen sind fast nur bei Weißweinen zu finden. Deshalb wirken diese im Bukett häufig frischer und damit auch leichter als Rotweine. Vom Alkoholgehalt dagegen sind Weißweine nicht grundsätzlich leichter als ihre roten Pendants.

4 Süße Weine werden zumeist aus weißen Rebsorten hergestellt. Es gibt nur wenige rote und diese nicht in nennenswerter Menge – abgesehen vom Krimsekt. Hochwertige edelsüße Weine, die auf die klassische Art hergestellt werden, sind sogar fast immer weiß. Edelsüße rote Weine – die farblich stets bräunlich ausfallen – sind absolute Exoten.

5 Weißweine weisen häufig eine höhere Säure auf als Rotweine. Dies liegt daran, dass Rotweine eine zweite Gärung durchmachen, in der die spitze Apfelsäure in weiche Milchsäure umgewandelt wird. Diese Gärung geschieht jedoch nicht durch Hefen, sondern durch Bakterien. Sie wird zumeist als BSA, als „Biologischer Säure-Abbau" bezeichnet. Bei Weißweinen findet diese Gärung häufig nicht statt, da man die Säure erhalten will. Alle im Barrique ausgebauten Weißweine machen sie jedoch automatisch durch.

6 Je weiter nördlich der Weißwein angebaut wird, desto säurebetonter ist er. Natürlich kann der Winzer mit Rebsortenauswahl und Kellertechnik auf den Säuregehalt Einfluss nehmen und auch das Jahresklima ist sehr entscheidend. Grundsätzlich jedoch ist dies von der Natur so vorgegeben.

7 Weißwein wird in allen Weinbau betreibenden Ländern der Welt produziert. Als klassische Weißweinländer gelten aber vor allem die Länder im Norden Europas, also Deutschland, Frankreich und Österreich.

8 Große edelsüße Weißweine sind die langlebigsten Weine der Welt. Durch ihren hohen Gehalt an Zucker, Extrakten und teilweise auch an Säure oder Gerbstoffen halten sich die besten von ihnen jahrhundertelang.

9 Eine alte Regel besagt, weiße Weine wären Sommerweine und rote Winterweine. Das ist jedoch Unsinn. Richtig ist dagegen, dass sich der Winter meist für gehaltvolle Weine eignet und der Sommer mehr für leichte – unabhängig davon, ob es sich um rote oder weiße Weine handelt. Zudem trinkt man im Sommer lieber kühle und im Winter nicht ganz so kühle Weine. Es gibt aber sowohl Weiß- als auch Rotweine, die mit entsprechenden Temperaturen serviert werden können.

10 Auch Weißwein ist gut für die Gesundheit. Von den Phenolen, die Blut und Kreislauf zuträglich sind, enthält er zwar deutlich weniger als Rotwein, die Weißwein-Phenole gelten aber als effektiver. Sie können als gesundheitsbewusster Weingenießer also frei zwischen allen Typen wählen.

Weißweine sind genauso faszinierend und vielfältig wie ihre roten Pendants.

6. Rosé

Besondere Probleme erfordern besondere Lösungen. In einem Studentenleben kann der Augenblick kommen, in dem man es erstmalig geschafft hat, seinen Schwarm zu einem kulinarischen Tête-a-Tête in die heimische Wohnküche zu lotsen. Wein muss es da natürlich geben, selbstverständlich, aber welche Farbe? Rot oder Weiß? Was bevorzugt das „Objekt der Begierde" wohl? Und das Geld reicht nur noch für eine Flasche! Ein zielsicherer Griff zu einem animierend himbeerfarbenen Rosé erscheint da wie die Lösung aller Probleme: Der müsste doch nun jedem Weintrinker zusagen! Dem ist allerdings überhaupt nicht so, und Ihr Rendezvous könnte somit weintechnisch durchaus in die Hose gehen. Roséwein ist mitnichten „Everybody's Darling", sondern eher das fünfte Rad am Weinkarren. Er gilt als nichts Halbes und nichts Ganzes, weder Fisch noch Fleisch, weder richtiger Rotwein noch richtiger Weißwein. An diesem Vorurteil ist sicherlich etwas Wahres dran – allerdings muss das nicht gegen den Wein sprechen.

Der Rosé ist ein Weintyp, welcher Charakteristika von Weiß- und Rotwein in sich vereint und so etwas ganz Eigenes schafft. Vom Weißwein hat er – in den meisten Fällen – die Frische und Leichtigkeit. Wie ein Weißwein sollte auch er kühl getrunken werden, die süßen Exemplare gar so kalt, dass das Glas beschlägt. Vom Rotwein kommen die roten Aromen im Bukett – also Beerenfrüchte, Kirschen oder Cassis. Ein gut gemachter Rosé ist also ein ganz eigenständiger Wein und kein unentschlossener „Zwitter".

Allerdings ist es beim Rosé viel schwieriger, ein gelungenes Exemplar zu finden als bei Weiß- oder Rotwein. Viele der weltweit in großen Mengen produzierten Rosés – vor allem aus nichteuropäischen Ländern – sind in erster Linie eines, nämlich süß. Werden diese nicht genug gekühlt – das heißt eiskalt serviert –, ist diese Geschmackskomponente unangenehm zu spüren. Der Wein wirkt pappig und unharmonisch. Gute Rosés sind bedeutend trockener und vertragen auch ein paar Grad mehr. Deutsche Exemplare könnten eigentlich die idealtypischen Weine dieses Typs sein, mit einer erfrischenden Säure durch das kühle Klima und feinen Beerenaromen aus der Traube. Leider missbrauchen viele heimische Winzer die Rosés zur Resteverwertung. Ein paar Worte zur Herstellungsmethode, um dies zu erkären. Der Rosé ist nicht, wie man denken könnte, ein zusammengemischter Tropfen aus roten und weißen Trauben oder rotem und weißem Wein. Rosé wird ausschließlich aus roten Trauben hergestellt. Das Geheimnis hinter der Farbe ist, dass auch bei roten Trauben das Fruchtfleisch – und damit der Traubensaft – klar ist. Die Farbe befindet sich ebenso wie die so genannten Gerbstoffe in der Beerenhaut. Beim Rotwein lässt man den Traubensaft mit den Beerenhäuten – zusammen Maische genannt – beieinander. Während der Gärung werden dann mittels Alkohol die Farbpigmente und Gerbstoffe aus den Beerenhäuten gelöst. Auf diese Weise gelangt die Farbe in den Wein. Beim Rosé ist der Kontakt von Traubensaft und Beerenhäuten relativ kurz, sodass wenig Farbstoffe gelöst werden.

Es gibt auch Weine, bei denen es überhaupt nicht zu einem Kontakt nach der Pressung kommt, die also genau wie Weißwein hergestellt werden. Diese komplett klaren Tropfen tragen den inoffiziellen Titel „Blanc de Noirs" (übersetzt etwa „Weiß aus Schwarzen"). Der wohl bekannteste Vertreter dieser Gattung ist der Champagner, der in der Regel zu einem gewissen Anteil aus roten Trauben gewonnen wird.

Nun aber zurück zur Resteverwertung der deutschen Winzer: Manche rote Trauben sind bei der Ernte von der so genannten Edelfäule (Botrytis Cinerea) befallen. An sich ist dies nichts schlechtes, bei edelsüßen Weißweinen sogar erwünscht. Bei Rotwein würde dies jedoch dazu führen, dass der Wein eine bräunliche Farbe erhält und sein Aroma beeinträchtigt wird. Weil man die Trauben jedoch nicht verlieren will, erzeugt man aus ihnen Rosé. Da sich die Edelfäule nur auf den Traubenhäuten befindet, gelangt auf diese Weise nur wenig ihres aromatischen Geschmacks in den Wein. Bei manchen Tropfen – die dann meist eine bräunliche Farbe aufweisen – ist dies aber doch deutlich schmeckbar. Sie wirken im Bukett übermäßig würzig und im Mund bitter. Deshalb ist Rosékauf bei einem deutschen Winzer – in anderen Ländern ist es meist zu trocken, als dass es zu Edelfäule kommt – immer ein Risiko. Haben Sie einmal einen edelfaulen Rosé erwischt, trinken Sie ihn unbedingt kühl. Denn bei niedrigen Temperaturen fallen fast alle Weinfehler weniger auf.

INFO-KASTEN

Weintyp:
Rosé

Aussehen:
Farblich von „Himbeersaft" bis „Zwiebelschalen"

Duft:
Sehr weites Spektrum. Häufig erinnert Rosé an Drops und Beerenfrüchte

Geschmack:
In Europa zumeist trocken, außerhalb Europas im Allgemeinen fruchtig-süß

Preiskategorie:
2–5 Euro

Rotling

Dieser blass- bis hellrote Wein sieht aus wie ein Rosé – ist aber keiner. Werden letztere ausschließlich aus roten Trauben erzeugt, so sind beim Rotling weiße wie rote Reben beteiligt. Jedoch werden nicht die fertigen Weine „zusammengeschüttet". Der Rotling entsteht bereits vor der Gärung. Entweder werden die Trauben oder die Maischen miteinander gemischt. In Deutschland ist diese traditionelle Art der Herstellung von roséfarbenen Weinen weitgehend verboten. Eine Ausnahme stellt der Badisch Rotgold dar. Er darf nur aus Trauben von Grauburgunder und Spätburgunder erzeugt werden. Auch in Württemberg findet sich eine Ausnahme: der Schillerwein, bei dem es keine Beschränkung hinsichtlich der verwendeten Rebsorten gibt. Sein Name kommt vermutlich nicht vom berühmten Dichter Friedrich von Schiller, sondern vom „Schillern" der Farbe dieses Weins. Für letzteres spricht, dass auch in der Schweiz Rotlinge als „Schiller" bezeichnet werden.

Die Maische ist Grundlage aller Weine.

Nicht überall nimmt man es so eng mit der Definition von Roséwein als ausschließlich aus roten Trauben gewonnenem Wein wie in Deutschland. Viele Roséweine aus dem größten spanischen Anbaugebiet, La Mancha, sind in Wirklichkeit Rotlinge. Qualitativ muss das nicht bedeuten, dass sie minderwertiger als „normale" Rosés sind. Allerdings gibt es einige (wenige) exzeptionelle Rosés, aber keine Rotlinge ähnlicher Qualität.

Rosés sind mehr als reine Spaßweine.

1 Duftet nach Lack: Cinsaut.

2 Der Portugieser stammt in Wirklichkeit aus Österreich.

3 Ein neuer Star am Weinhimmel: Zinfandel.

Drei typische Rebsorten für „Rosé"

Cinsaut

Die Cinsaut-Rebe – auch Cinsault geschrieben – ist eine der ungewöhnlichsten der Welt. Ihr Charakter ist unverwechselbar – sie duftet nach Lack! Dies natürlich auf eine angenehme Art und Weise. Die pflegeleichte Rebsorte ist vor allem in Südfrankreich und auf Korsika verbreitet, aber auch in Marokko, Tunesien, Algerien und dem Libanon (!) anzutreffen. Die Rebsorte wird sowohl zur Rotweinherstellung – dann gibt sie einen tieffarbenen Wein – wie auch zur Rosé-Erzeugung verwendet. Mit geringen Anteilen ist sie unter anderem im berühmten roten Wein aus Châteauneuf-du-Pape (Rhône) zu finden. In Südafrika hat man den Cinsaut mit dem edlen Pinot Noir gekreuzt und daraus als Neuzüchtung den Pinotage gewonnen, die einzige eigenständige Rebsorte des Landes.

Ihr Duft erinnert an Lack, Farbe oder dunkle Beerenfrüchte.

Portugieser

Der Portugieser kommt – von wegen nomen est omen! – vermutlich nicht aus Portugal, sondern aus Österreich. Vor allem dort und in Deutschland wird die Traube zur Erzeugung sauberer Alltagsweine genutzt. Deutschland weist sogar die größte Anbaufläche der Rebsorte weltweit auf, vor allem in der Pfalz und in Rheinhessen ist sie zu finden. Aber auch in Ungarn, Slowenien, der Slowakei und England ist die Traube gefragt. Vor allem, weil die offiziell Blauer Portugieser heißende Rebsorte so unproblematisch im Anbau ist. Groß wird ein Portugieser-Wein zwar nie – lecker aber schon! Aus Portugieser wird sowohl Rot- wie auch Roséwein hergestellt. Spötter sagen aber, selbst der Rotwein würde stets mehr wie ein Rosé schmecken. Daran ist sogar ein Fünkchen Wahrheit, ist der Wein doch stets hell in der Farbe und leicht im Körper.

Im Duft findet man Aromen von Erdbeeren, grünem Pfeffer, Gräsern oder Muskatnuss.

Zinfandel/Primitivo

Erst vor kurzem kam mittels der so genannten DNS-Fingerabdruck-Methode heraus, was einige Weinfreaks bereits seit Jahren vermuteten: Der kalifornische Zinfandel ist nichts anderes als der apulische Primitivo! Unklar ist allerdings, ob die Rebe von Italien nach Amerika oder umgekehrt ihren Weg nahm. Auf dem Stiefel wurde die Traube früher fast ausschließlich zum Verschnitt verwendet, was sich heute – auch durch die Gewissheit der wahren Identität des Primitivo – geändert hat.

Der Zinfandel ist die verbreitetste rote Rebsorte in Kalifornien. Jahrzehntelang wurden aus ihm vor allem bonbonartige Rosés (so genannter White Zinfandel) produziert, heute reduziert man die Erträge und erhält beeindruckende, sehr robuste, körperreiche Rotweine. Historisch interessant ist, dass die Rebsorte in den USA früher unter den Namen Zinfindal und Zeinfindall bekannt war. Scheinbar einigte man sich jedoch auf den am einfachsten auszusprechenden Namen: Zinfandel.

Ihr Duft erinnert an Pflaumenmus, Banane oder Pfeffer.

Drei typische Anbaugebiete für „Rosé"

Südfrankreich/Tavel

In ganz Südfrankreich wird viel Rosé-Wein produziert, es gibt jedoch einen Ort, der dafür berühmter ist als alle anderen – und das weltweit: Tavel. Die westlich von Avignon am Rhôneufer gelegene Stadt hat ihren Ruf durch die wuchtigen und konzentrierten Rosés erworben, die hier erzeugt werden. Vorwiegend bestehen die Weine aus den Trauben Grenache und Cinsaut. Die Rebstöcke können zwischen felsigem Boden oder sandigem Kies wählen – nur fette Böden werden sie hier nicht finden. Das einzige „Problem" der wunderbaren Rosés ist ihr Preis. Den guten Ruf muss man nämlich mitbezahlen. Er begründet sich übrigens unter anderem auf Ludwig XIV., dessen Lieblingswein der hiesige war. Trinken Sie den stets trockenen Tropfen immer gut gekühlt und jung, dann präsentiert er sich von seiner besten Seite.

Noch weiter südlich als Tavel findet sich die Provence, die ebenfalls sehr berühmt für ihren Rosé ist. Er wird ebenso wie der Tavel zumeist aus Grenache- und Cinsaut-Reben erzeugt und oft in ungewöhnlichen kegelförmigen Flaschen angeboten.

Kalifornien

Kalifornien ist der „Sonnenstaat" und ein Landstrich der Extreme. In unmittelbarer Nähe der gefährlichen San-Andreas-Spalte werden in der Spielerstadt Las Vegas täglich arme Menschen reich und reiche Menschen arm, während in Hollywood Träume und Albträume auf Zelluloid gebannt werden.

Auch der hiesige Wein ist extrem in jeder Hinsicht. In Kalifornien werden mittlerweile einige der teuersten Rotweine der Welt gemacht und dort finden sich einige der fruchtstrotzendsten, alkoholischsten Gewächse des gesamten Globus. Dieser US-Bundesstaat erzeugt gut 90 % der gesamten amerikanischen Weinernte. 75 % aller Rebstöcke Kaliforniens stehen im extrem heißen Central Valley nahe San Diego, dem Zentrum des USA-Weinbaus. Der qualitativ bedeutendste Bereich liegt allerdings weiter nördlich, im Napa Valley. Von hier kamen die Weine, die in den 70er Jahren die französische Konkurrenz in Blindverkostungen besiegten – was zum Aufschwung des Weinbaus führte. Heute befindet sich im Sonnenstaat Kalifornien die größte Weinkellerei der Welt: Gallo.

Die ersten Weinreben wurden übrigens von Mönchen ins Land gebracht. In der ersten Hälfte des 19. Jahrhunderts waren es Mitglieder des Franziskanerordens, die ihren Messwein vor Ort erzeugen wollten. Die meiste Zeit des 20. Jahrhunderts dominierte der Roséwein – der White Zinfandel – den Weinbau im Sonnenstaat.

Navarra

Die alte spanische Provinz in den westlichen Pyrenäen grenzt direkt an das berühmteste Anbaugebiet des Landes, Rioja. Im Gegensatz zu dieser Rotwein-Region ist die Gegend südlich von Pamplona vor allem für ihre Rosé-Weine, die so genannten Rosados, berühmt. Sie werden fast ausschließlich aus der Rebsorte Garnacha hergestellt. Mit ihren Rotweinen machen die Winzer Navarras mittlerweile ihren Kollegen in Rioja Konkurrenz, vor allem, da die Weine preislich deutlich niedriger angeboten werden.

In Navarra machte man bereits Geschäfte mit Touristen, als dieser Begriff den meisten noch nichts sagte. Im 11. Jahrhundert verlief die Pilgerstraße Camino de Santiago durch zwei Orte des Gebiets. Mönche, Geistliche und Laienpilger mussten natürlich versorgt werden – mit Rosados! Aber auch Nichtpilgern schmeckte und schmeckt der Rebensaft aus dieser Gegend fabelhaft.

Der Süden Frankreichs bringt immer mehr fantastische Weine hervor.

Viele Kalifornier sind überzeugt: Keiner macht bessere Weine als sie.

Macht Rioja Konkurrenz: Navarra.

INFO-KASTEN

Rosés

Passen zu: „Sommerlichem" – Salate, Gegrilltem, Pizza, pikanten Vorspeisen (Oliven), Eierspeisen, Chili con Carne, Curry, Fischsuppe.
Temperatur: 6–8 °C. Diesen Wein bitte grundsätzlich kalt trinken! Die Flasche nicht warm werden lassen – lieber direkt nach dem Einschenken wieder in den Kühlschrank stellen!

Wein und Speisen

Rosés sind Sommerweine par excellence und eignen sich fast immer, ob Sie nun mit dem Fahrrad unterwegs zu einem Picknick sind, ihre Freunde zum Grillen eingeladen haben oder auch am Strand liegen. Nur eines sollte stets gewährleistet sein: Der Rosé muss kalt serviert werden! Auf jeden Fall so kühl wie leichte trockene Weißweine. Nur einfache Schaumweine sollten noch kühler auf den Tisch oder die Picknickdecke kommen als Rosés.

Praktischerweise passt der Rosé zu allen typischen Sommerspeisen, also leichten Gerichten. Mit Salaten, Gegrilltem oder auch Pizza können Sie nichts falsch machen. Aber der Rosé trumpft auch bei Gerichten auf, bei denen man es gar nicht erwarten würde. Mit orientalisch oder scharf gewürztem – z. B. Chili con Carne oder Curry –, kann dieser Weintyp nämlich sehr gut harmonieren. Für schwere Speisen sollten Sie einen der kräftigen Rosés aus der Neuen Welt, Spanien, Italien oder dem Süden Frankreichs wählen. Ist das Gericht leichter, bieten sich „schlankere" Gewächse von der Loire (Rosé d'Anjou) oder aus Deutschland an. Ein wenig schwieriger zu kombinieren sind die mit Kohlensäure versetzten portugiesischen Rosés – das Prickeln kann manchmal unpassend sein, solche Weine also lieber solo genießen.

Rosés, die Sie übrigens stets jung genießen sollten, sind aber mit ihren Kombinationsmöglichkeiten längst noch nicht am Ende! Dies ist vor allem deshalb weitestgehend unbekannt, weil viele ernsthafte Weintrinker sich nicht trauen, diesen mit dem Makel des „Spaßweins" behafteten Typ mit guter Küche zu vermählen. Ihnen entgeht dabei einiges. So kann der passende Rosé mit einer französischen Fischsuppe (Bouillabaisse) ein kulinarisches Gedicht ergeben. Und auch bei Eierspeisen wirkt ein frischer Rosé Wunder. Trauen Sie sich!

Tortilla – Spanisches Kartoffelomelett

Für 4 Personen
Zubereitungszeit: 30 Min.

8 EL Olivenöl
800 g Kartoffeln
6 frische Eier
Salz

1. Die Kartoffeln schälen und in Scheiben schneiden. Die Hälfte des Olivenöls in einer Bratpfanne erhitzen, Kartoffelscheiben hineingeben und unter Wenden bei geringer Hitze braten, bis sie gar und leicht angebräunt sind.

2. Die Eier mit dem Schneebesen schaumig schlagen und leicht salzen. Die Kartoffeln dazugeben und beides vermischen.

4. Das restliche Olivenöl in der Pfanne erhitzen und die Ei-Kartoffelmasse hineingießen. Bei sehr kleiner Temperatur 2–3 Minuten stocken lassen.

5. Die Tortilla mit Hilfe eines flachen Tellers oder Pfannendeckels wenden und auf der anderen Seite ebenfalls braten. Dann herausnehmen und servieren.

Rosé

Unser Proben-Wein:

Name: Badischer Winzerkeller „Martin Schongauer" Rosé Qualitätswein trocken

Herkunft: Baden (Deutschland)

Rebsorten: Spätburgunder

Preis: Um 3 Euro

Nase: Der Wein überrascht mit einem recht differenzierten Bukett. Neben einem großen Kirschlolly sind auch Nuancen von gelber Grütze, ein bisschen Banane und weißer Schokolade auszumachen. Und – wer hätte das vermutet – von Milch, die dem Ganzen einen cremigen Hauch verleiht.

Geschmack: Für einen Rosé, einen Weintyp also, den viele nur als süß oder belanglos kennen, ist dieser Tropfen im Mund regelrecht kernig. Gemeinsam mit der guten Frische und einer feinen Cremigkeit verbindet sich dies zu einem spannenden Dreiecksverhältnis.

Gesamturteil: Ein sehr schöner, klarer deutscher Rosé. Kräftiger als sein unten gelistetes italienisches Pendant, ist dieser Wein für seinen Typ mit sehr viel Persönlichkeit ausgestattet. Kein blasses Weinchen, sondern ein ernst zu nehmender Rosé.

Auch gut:

Name: Viala Rosé

Herkunft: Italien

Rebsorten: Cuvée

Preis: Um 3 Euro

Nase: Die Nase dieses Weins ist sehr direkt, sie hat nur wenige Aromen, diese sind dafür umso deutlicher. In diesem Fall sind es rote Äpfel und Hagebutte. Beide sind sehr typisch herausgearbeitet und doch nicht übertrieben.

Geschmack: Rote Äpfel und Hagebutte finden sich auch im Mund. Der Wein ist sehr weich und ausgewogen, mit nur leichter Säure und nicht zu trockenem Körper. Das ist natürlich kein großes „Mund-Theater", aber dafür auch kein Effekt heischender Geschmacks-Schnickschnack.

Gesamturteil: Ein Rosé, der nicht so süß ist wie viele seiner Kollegen im Weinregal. Stattdessen liefert er verhaltene Aromen in Nase und Mund. Sicherlich kein großer Wein, aber für Freunde dieses Typs eine gelungene Wahl.

7. Leichter Rotwein

Es gehört zu den großen Weinmissverständnissen, dass Weißwein immer „leichter“ sei als Rotwein. Bei vielen Blindproben kommt heraus, dass selbst gestandene Weinprofis einige Weißweine nicht von roten unterscheiden können, wenn die Farbe nicht ersichtlich ist. Ein sehr großer Teil unseres Geschmackserlebens hängt mit Psychologie zusammen: Wir erwarten von einem roten Wein einfach, dass er gehaltvoller ist als ein weißer, denn schließlich ist er dunkler. Und – so wird weiter unbewusst geschlussfolgert – je dunkler der Wein, desto gehaltvoller ist er auch.

Bis zu einem gewissen Grad ist letztere Vermutung auch richtig, werden doch Farbpigmente und Gerbstoffe immer zusammen aus den Beerenhäuten gelöst. Aber manche Rebsorten ergeben, ganz unabhängig von ihrer Reife und Kraft, hellere Weine als andere Trauben. Auch geben viele Winzer ihren vermeintlich zu hellen Rotweinen einen Schuss dunklen zu – denn auch das Auge trinkt mit!

Leichte Rotweine haben viele Charakteristika mit ihren weißen Pendants gemeinsam: kein zu alkoholischer Körper, keine aufdringlichen Gerbstoffe. Außerdem sind sie ebenfalls unkompliziert, erfordern kein großes Nachdenken, wollen nicht, dass man sich mit ihnen den ganzen Abend beschäftigt. Sie wollen einfach nur getrunken werden.

Leichte Rotweine können auf zwei Arten zustande kommen: durch Reben, die von sich aus einen leichten, säurebetonten Wein ergeben, oder durch ein kühles Klima, bei dem die Trauben nicht in dem Maße ausreifen wie in sehr warmen Regionen. Aus heißen Ländern wie Spanien oder Australien können Sie keinen leichten Rotwein erwarten. Die Hitze der Sonne gibt hier auch den einfachen Weinen viel Kraft und damit verbunden viel Alkohol. In den kühleren, nördlichen Teilen Europas wie Deutschland, der Loire, dem Beaujolais oder dem Piemont dagegen ist es den Winzern möglich, die Sonne feiner dosiert in die Trauben zu bringen. Frische, delikate und weniger muskelbepackte Weine sind das Ergebnis. Wichtig ist, dass sie jung, also in den ersten drei Jahren, genossen werden sollten.

Bei Weinen sollte „leicht“ keinesfalls mit „klein“ gleichgesetzt werden. Leichte Rotweine können durchaus zu den größten der Welt gehören! Die roten Weine des Burgund beispielsweise, welche aus der noblen Pinot Noir-Rebe erzeugt werden, haben stets eine feine Leichtigkeit und Eleganz. Sie zählen zu den gesuchtesten und teuersten Weinen der Welt. Das Ziel eines großen Weins ist nicht, möglichst viel von allem in sich zu vereinen und auf diese Weise zur Trinkmarmelade zu mutieren, sondern eine feine Komposition edler Gerüche und Geschmacksnoten zu bilden, welche ihre Heimat, ihren Boden widerspiegeln. Dazu sind leichte wie auch gehaltvolle Weine in der Lage. Entscheiden Sie selbst, welcher Typ Ihnen mehr liegt. Ein „besser“ oder „schlechter“ gibt es dabei nicht. Probieren und genießen Sie!

INFO-KASTEN

Weintyp:
Leichter Rotwein

Aussehen:
Von hell- bis dunkelrot, zum Teil auch ziegelfarben

Duft:
Sehr fruchtbetont, oftmals Kirscharomen

Geschmack:
Ebenfalls sehr fruchtbetont, frisch, angenehme Säure

Preiskategorie:
3–7 Euro

Leichte Rotweine ähneln ihren weißen Pendants und werden nicht selten aufgrund ihrer Farbe unterschätzt.

Glühwein

Wenn es einen Wein gibt, den man nur im Winter genießen sollte, dann der Glühwein. Dieses Gemisch aus heißem Rotwein mit Zucker, Nelken und Zimt ist von den Weihnachtsmärkten nicht mehr weg zu denken. Die Zutaten variieren dabei. In einigen Glühweinen finden sich auch Früchte, Weinbrand, Eigelb und – häufiger – eine Zitronenscheibe. Mittlerweile gibt es diese Weinart, die besser als Mixgetränk bezeichnet werden sollte, auch schon fertig gemischt zu kaufen. Ursprünglich war Glühwein eine Notlösung. Diese Variante des Würzweins war nämlich besonders im Mittelalter sehr populär. Damals war die Konservierung von Wein noch nicht sehr fortgeschritten und Weinfehler an der Tagesordnung. Die Süße und die Gewürze überdeckten so manche Schwäche der Tropfen und machten deren Genuss wieder möglich.

Wenn Sie selber Glühwein herstellen wollen, gibt es zweierlei zu beachten. Erstens: Nehmen Sie keinen guten Rotwein dafür, der einfachste tut es auch. Zweitens: Achten Sie auf die Temperatur während der Zubereitung. Wenn Sie den Glühwein stark aufkochen, entweicht der Alkohol. Lassen Sie ihn hingegen längere Zeit auf niedriger Stufe sieden, dann bleibt dieser erhalten. Sie haben die Wahl.

Beim Christkindl-Markt in Nürnberg gehört Glühwein einfach dazu.

1

2

3

1 Eleganz pur: Pinot Noir.

2 Gamay – stets der erste Wein des neuen Jahrgangs.

3 Im Piemont zu finden: Barbera.

Drei typische Rebsorten für „Leichten Rotwein"

Pinot Noir/Spätburgunder

Allen Cabernet Sauvignon- und Shiraz-Jüngern zum Trotz: Pinot Noir ist die bemerkenswerteste Rotweinrebe des Planeten. Warum? Weil kein anderer Wein diese Eleganz, diese Feinheit aufweisen kann wie ein wirklich großer Burgunder. Alle berühmten Rotweine aus dem Burgund sind aus Pinot Noir. Berühmtester Produzent ist das Haus Domaine Romanée-Conti, kurz DRC, dessen Top-Weine unbezahlbar sind. Als ideale Sorte für kühlere Weinbauregionen ist der Pinot Noir zudem in der Champagne verbreitet. Als Pinot Nero begegnen wir ihm in Norditalien und als Blauem Burgunder in der Ostschweiz. Aber auch für deutsche Spitzenwinzer ist er die Rotweinrebe schlechthin. Bei uns heißt er Spätburgunder und ergibt die besten roten Weine des Landes, vor allem in Baden, der Pfalz und an der Ahr. Die verwöhnte Pinot Noir-Rebe – sie stellt hohe Ansprüche an Boden und Kellertechnik – ist übrigens die Mutter der Burgunder-Familie. Das bedeutet, dass Rebsorten wie Pinot Blanc, Pinot Gris oder Pinot Meunier Mutationen des Pinot Noir sind.

Der Duft erinnert an Kirschen, Brombeeren, Himbeeren, Pflaumen, Bittermandel oder Holunder.

Gamay

Jedes Jahr im Herbst fließen Ströme von Gamay-Wein weltweit die Kehlen herunter – denn die Gamay steckt hinter dem allseits beliebten Beaujolais. In diesem Gebiet – einem Teil Burgunds – ist sie mit knapp 90 % Rebflächenanteil *die* beherrschende Sorte. Aber auch in anderen Teilen Frankreichs, wie der Loire, findet sich diese hervorragende Rebe. Außerhalb Frankreichs, der Westschweiz (zusammen mit Pinot Noir ergibt sie dort den Dole) und dem Valle d'Aosta, ist die Gamay kaum anzutreffen. Ihr vollständiger Name lautet übrigens Gamay Noir à Jus Blanc. Der aus ihr gewonnene Wein ist heller und bläulicher als der anderer roter Rebsorten.

Im Duft sind Anklänge von Himbeer- oder Erdbeerdrops, Banane, Gewürze oder Konfitüre zu finden.

Barbera

Die Barbera steht etwas zu Unrecht im Schatten der anderen Piemonteser Parade-Rebsorte Nebbiolo, erbringt sie doch ebenfalls sehr gute Weine. Die Rebe ist weit herumgekommen, am berühmtesten sind jedoch die aus ihr im Piemont (vermutlich ihrer Heimat) erzeugten Weine, wie Barbera d'Alba oder Barbera d'Asti. Im Piemont sind die Hälfte aller erzeugten Weine Barbera. Der Grund dieser Erfolgsgeschichte ist folgender: Selbst im heißen Klima hat die Traube immer noch genug Säure, um einen lebendigen Wein zu liefern. Außerdem ist sie gerbstoffarm, also sehr weich im Mund. Auch in der Lombardei ist sie weit verbreitet. Erstaunlicherweise finden sich eine ganze Menge Barbera-Rebstöcke in Kalifornien, genauer im heißen Central Valley. Die Amerikaner bauen sie dort an, weil sie, wie in Italien, auch bei heißen Temperaturen einen Wein mit genügend Säure erzeugt.

Ihr Duft erinnert an Marmelade, Tabak, Sauerkirschen oder Gewürznelken.

Drei typische Anbaugebiete für „Leichten Rotwein"

Ahr

Früher wurde die Ahr von Möchtegern-Weinkennern gerne verspottet. So nah am Nordpol könne man doch keinen ordentlichen Rotwein mehr erzeugen, wurde über das kleine Anbaugebiet bei Bonn gesagt. In den 80er Jahren des letzten Jahrhunderts begann die Qualitätsrevolution und zeigte in den 90ern ihre prachtvollen Früchte: elegante Rotweine aus den Sorten Spät- und Frühburgunder. Die Weine der Ahr sind niemals so körperreich wie beispielsweise spanische Gewächse oder Weine aus der Neuen Welt, dafür strahlen sie sehr viel Subtilität und Understatement aus. Das viertkleinste deutsche Anbaugebiet rund um den schmalen Fluss Ahr besteht zu großen Teilen aus Steilhängen, was für den Winzer Knochenarbeit bedeutet.

Das einzige Manko der Weine aus dem wunderschönen Tal ist ihr Preis. Dieser ist sehr hoch, zum einen, weil eben die Arbeit in den Steillagen so hart und damit kostenintensiv ist, zum anderen, weil die Nachfrage nach deutschen Rotweinen stetig steigt. Im Herbst, wenn im Ahrtal die Weinfeste stattfinden, tummeln sich auf dem Rotweinwanderweg in den Weinbergen unzählige Touristen, die von den Anwohnern liebevoll „Ahr-Schwärmer" genannt werden.

Beaujolais

In der Nacht zum dritten Donnerstag im November machen sich LKW-Kolonnen aus dem französischen Beaujolais – einem Teilgebiet des Burgund – auf in alle Himmelsrichtungen. An Bord haben sie eine flüssige Fracht, die vom neuen Jahrgang kündet: den Beaujolais Primeur. Oder noch besser, den qualitativ hochwertigeren Beaujolais Villages Primeur, der nur aus 36 Orten des Gebiets kommen darf. Der frische, fruchtige, lebendige Wein wird aus der Rebsorte Gamay erzeugt.

Ihre weiche Art und ihre sehr duftigen Aromen , die an Bananen oder Kirschen erinnern, verdanken die Weine einer besonderen Gärtechnik, der Macération carbonique oder der Kohlensäuremaischung. Bei dieser Vorgehensweise werden die Trauben in einen mit Kohlendioxid gefüllten Gärbehälter zur so genannten interzellularen Vergärung gegeben. Dieser hochwissenschaftliche Ausdruck täuscht darüber hinweg, dass die Gelehrten immer noch nicht wissen, was genau bei der Kohlensäuremaischung vor sich geht. Aber wichtiger für uns ist ja auch, was dabei rauskommt. Die Farbausbeute bei dieser Methode ist zwar geringer, aber die Weine präsentieren sich dafür schneller genussbereit.

Piemont

Eine Liebesbeziehung mit dem in Hinblick auf seine Weine edelsten italienischen Anbaugebiet, dem Piemont, einzugehen, ist nicht leicht. Oftmals präsentieren sich die Weine von dort in ihrer Jugend spröde, brauchen Zeit, lassen sich nur langsam erobern. Sie belohnen jedoch den, der warten kann! Den Ton geben hier die italienischen Rebsorten Nebbiolo, Dolcetto und Barbera an. Der Name Nebbiolo leitet sich übrigens vom Wort Nebbia – Nebel – ab, der im Oktober während der Weinlese im Piemont gerne aufzieht.

Die bekanntesten Weine des Gebiets rund um die Hauptstadt Turin sind Asti spumante, Moscato d'Asti und Gavi. Die besten sind jedoch Barolo, Barbaresco, Barbera d'Asti oder Barbera d'Alba – und sie sind allesamt Rotweine. Ihre Heimat und qualitatives Zentrum des Piemont ist die Langhe. Generell verbindet Weine aus dem Piemont ihr frisches Säuregerüst, das die Weine auch über lange Zeit jung hält.

Klein, aber fein: die Ahr.

Im November ist es so weit: Dann kommt der neue Primeur aus dem Beaujolais.

Das Piemont ist die Heimat vieler großer italienischer Weine.

Mini-Calzone mit Schinken und Ziegenfrischkäse

Ergibt 16 Calzoni
Zubereitungszeit: 1 Std.
Zeit zum Gehen: 20–30 Minuten

Für den Teig:
400 g Mehl
30 g frische Hefe
1 Prise Zucker
225 ml lauwarmes Wasser
5 EL Olivenöl extra vergine
1 TL Salz
Mehl für die Arbeitsfläche

Für die Füllung:
5 schwarze Oliven ohne Stein
50 g roher Schinken
20 Basilikumblätter
200 g Ziegenfrischkäse
50 g Crème fraîche
50 ml Olivenöl extra vergine
Salz, Pfeffer aus der Mühle

1. Das Mehl in eine Schüssel sieben. Hefe, Zucker und Wasser verrühren und dazugeben. Öl und Salz zufügen und rasch verkneten. Den Teig auf einer leicht bemehlten Arbeitsfläche ca. 8 Minuten weiterkneten, bis er glatt ist.

2. Sobald der Teig glatt ist, flach drücken und alle vier Seiten nach innen einschlagen, sodass ein rechteckiger Teigkloß entsteht. Diesen umdrehen, auf eine mit Mehl bestäubte Fläche legen, abdecken und gehen lassen.

3. Die Oliven hacken, den Schinken würfeln und das Basilikum fein schneiden. Alles mit dem Ziegenfrischkäse, der Crème fraîche und einen Esslöffel Olivenöl verrühren. Mit Salz und Pfeffer abschmecken.

4. Den Teig etwa 2 mm dick ausrollen und Teiglinge von etwa 9 cm Durchmesser ausschneiden.

5. Jeweils auf die untere Hälfte der Teiglinge einen Löffel von der Füllung geben, die andere Hälfte darüber klappen und mit den Zinken einer Gabel die Ränder zusammendrücken.

6. Den Backofen auf 180 °C vorheizen. Die Calzoni auf ein mit Backpapier belegtes Backblech legen und mit Olivenöl bestreichen. Im vorgeheizten Backofen auf mittlerer Einschubleiste etwa 15 Minuten backen und heiß servieren.

INFO-KASTEN

Leichte Rotweine

Passen zu: Salaten, Gegrilltem, Obst, Gemüseaufläufen, leichter mediterraner Küche, fettigen Gerichten, Pasta, Fisch, Meeresfrüchten.
Temperatur: 10–14 °C

Wein und Speisen

Der ideale Essensbegleiter! Im Gegensatz zu vielen gehaltvollen Weinen wirken leichte und frische Rotweine stets appetitanregend. Sie machen nicht unnötig „satt“ oder wirken schwer auf der Zunge. Als unkomplizierter Durstlöscher lockern sie die Speisen auf, animieren zum Dinieren und zum unbeschwerten Genuss. Sie passen zu fast allem. Ob Salate, Gegrilltes, raffinierte Gemüseaufläufe oder die leichte Art der mediterranen Küche, stets harmoniert der leichte trockene Rotwein mit dem Essen. Fettige Gerichte werden von leichten Rotweinen regelrecht aufgeschlossen. Schwere Sahnesaucen oder auch Geschmortes finden in diesem Typ Wein einen leichten Gegenpart, der mit seiner Fruchtigkeit und Säure, seiner betonten Leichtigkeit, das Schwere der Speisen auffängt.

Leichte Rotweine geben Ihnen auch die Möglichkeit, ihre Gäste zu überraschen. Wie dies geht? Nun, sie servieren den gut gekühlten Wein einfach zu Fisch! Manch einer der Gäste mag zuerst denken, „Rotwein und Fisch – das kann ja nicht gehen“, aber sie werden überrascht sein, denn sie harmonieren wunderbar. Wichtig ist dabei nur, dass der Wein wenig Alkohol und Gerbstoffe aufweist – also sehr weich ist. Diese beiden Komponenten ergeben nämlich, wenn sie stark vorhanden sind, zusammen mit dem Fischöl einen unangenehm metallischen Geschmack. Die schöne Säure dieses Weintypus unterstreicht die Frische der Fischgerichte. Mit einer solchen Kombination ernten Sie verdutzte und erfreute Gesichter und alle werden nicht nur Ihre Kochkünste, sondern auch Ihre Weinkenntnisse loben. Klingt das nicht nach einem gelungenen Abend?

Leichter Rotwein

Unser Proben-Wein:

Name: Servus Rot

Herkunft: Burgenland (Österreich)

Rebsorten: Blauer Zweigelt, Blaufränkisch

Preis: Um 3 Euro

Nase: Das Cuvée aus den typisch österreichischen Rebsorten Blauer Zweigelt und Blaufränkisch verströmt den Duft eines Fruchtbonbons, sehr süßlich, mit einem würzigen Hauch von weißem Pfeffer und einigen Blättern Minze.

Geschmack: Hier sind alle Zeichen auf Geschmeidigkeit gesetzt: Der Wein gleitet förmlich über die Zunge. Die Frucht ist sehr schön präsent und angenehm.

Gesamturteil: Dieser Wein stammt von einer der bekanntesten – ja vielleicht *der* bekanntesten – Kellerei der österreichischen Weinszene: Lenz Moser. Hier weiß man, wie man einen Wein produziert, der vielen gefällt, wie dieses gelungene Cuvée demonstriert.

Auch gut:

Name: Deutsches Weintor Dornfelder QbA. trocken

Herkunft: Pfalz (Deutschland)

Rebsorten: Dornfelder

Preis: Um 3–4 Euro

Nase: Es riecht wie früher, wenn Großmutter Marmelade machte: dieses angenehme Aroma eingekochter Früchte. Der Dornfelder duftet intensiv nach Roter Bete, aber auch nach Sauerkirsche. Nuss und Frischkäse (riechen Sie genau hin!) lassen den Wein nicht zu eindimensional wirken.

Geschmack: Dieser Wein will keinem wehtun. Er gibt sich extrem rund im Mund mit angenehmer Süße. Hier stört nichts die Frucht. Er ist sehr homogen und weich.

Gesamturteil: Sicherlich kein Charakterkopf, aber ein unkomplizierter fruchtiger Rotwein. Was Sie nicht finden werden sind Gerbstoffe, Säure, Terroir – dafür gibt es eine schmeichlerische, dominante Frucht.

8. Mittelschwerer Rotwein

Die chinesische Philosophie beruht unter anderem auf dem Prinzip des Gleichgewichts zwischen Yin und Yang. Yin ist das Weibliche, Nachgiebige, die Erde und Yang das Männliche, die Stärke, der Himmel. Nur gemeinsam ergeben sie ein Ganzes, nur in der Ausgewogenheit ergänzen sie sich zur Perfektion. Diese philosophische Vorstellung findet sozusagen ihre flüssige Entsprechung im Typ des mittelschweren Rotweins. In ihm versuchen Winzer die Balance von Körper und Eleganz, von Tiefe und Aufgeschlossenheit, von Komplexität und Stringenz zu finden.

Es wäre sicherlich zu hoch gegriffen, den mittelschweren Rotwein als hohe Schule des Weinbaus zu bezeichnen, denn jeder Weintyp hat seine eigenen Geheimnisse und erfordert spezielle Kenntnisse. Aber viele der größten, begehrtesten und faszinierendsten Weine der Welt fallen doch in diese Gruppe. Zuallererst ist sicherlich der Bordeaux zu nennen. Bis heute noch wird er weltweit als der König der Rotweine angesehen. In seiner feinsten Art balanciert er Alkohol, Gerbstoffe, Frucht und Körper aus, ist leicht und voll zugleich, ist somit hohe Kunst. Kein Rotwein ist so komplex wie ein großer dieses Typs. Allerdings nähern sich auch die Weinmacher im Bordeaux immer mehr dem gehaltvollen Typus an, der in der Neuen Welt favorisiert wird. Damit verlieren die Gewächse etwas von ihrer einzigartigen Charakteristik.

Hergestellt werden können mittelschwere Rotweine nur in Gebieten, die sowohl warm genug sind, dass die Trauben völlig ausreifen können, welche aber andererseits nicht so heiß sind, dass das Ausreifen zu schnell geschieht. Gerade die Nächte müssen deutlich kühler sein. Die großen Temperaturschwankungen zwischen Tag und Nacht führen zu größerer Feinheit in den Weinen. In Europa trifft dies auf Gebiete zu wie eben das Bordeaux, die Rhône, die Toskana oder Rioja. Aber auch in der so genannten Neuen Welt finden sich Regionen, die kühl genug sind, damit die Trauben langsam reifen können: Margaret River in Westaustralien, Oregon oder Washington State in den USA, Neuseeland oder Kanada zählen dazu. Gerade in heißen nichteuropäischen Ländern wird immer mehr versucht, Regionen zu finden, die durch den klimatischen Einfluss des Meeres oder ihre exponierte Höhenlage kühler als die leicht aufheizbaren Talkessel sind.

Eine der Besonderheiten dieses Weintypus ist, dass er – je nach Rebsorte – sehr gut den Boden und das spezielle Klima widerspiegeln kann, in dem er heranwuchs. Dies wird häufig mit dem Begriff Terroir bezeichnet. Goût de Terroir meint den Bodengeschmack. Das klingt erst einmal unappetitlich, denn schließlich verbindet man Boden zumeist mit Erde, also Dreck. Gemeint ist jedoch eine besondere Mineralität, wie sie zum Beispiel Weine auszeichnet, die auf sehr schiefer- oder kalkhaltigem Boden gewachsen sind. In sehr gehaltvollen Weinen wird diese Note häufig durch eine überbordende Frucht verdeckt, und somit fehlt den Weinen eine zusätzliche Dimension.

Hinsichtlich der Preise, die Sie für Tropfen dieses Typus bezahlen müssen, bedeutet dies Folgendes: Ein teurerer Wein muss nicht gehaltvoller sein als der preiswertere. Was er jedoch aufweisen sollte, wenn er denn sein Geld wert sein will, ist eine größere Komplexität der Aromen und eine vollkommenere Harmonie. Erwarten Sie von diesen Weinen nicht, dass sie Sie im Sturm erobern. Dieser Weintyp will an einem langen Abend selbst erobert werden!

INFO-KASTEN

Weintyp:
Mittelschwerer Rotwein

Aussehen:
Purpurrot (jung) bis mahagonifarben (gereift)

Duft:
Sehr komplex, dunkle Beerenfrüchte, häufig mit Röst-, Würz- oder Ledernoten

Geschmack:
Im Idealfall seidige bis körnige Gerbstoffstruktur, Bitterschokoladenoten

Preiskategorie:
5–20 Euro

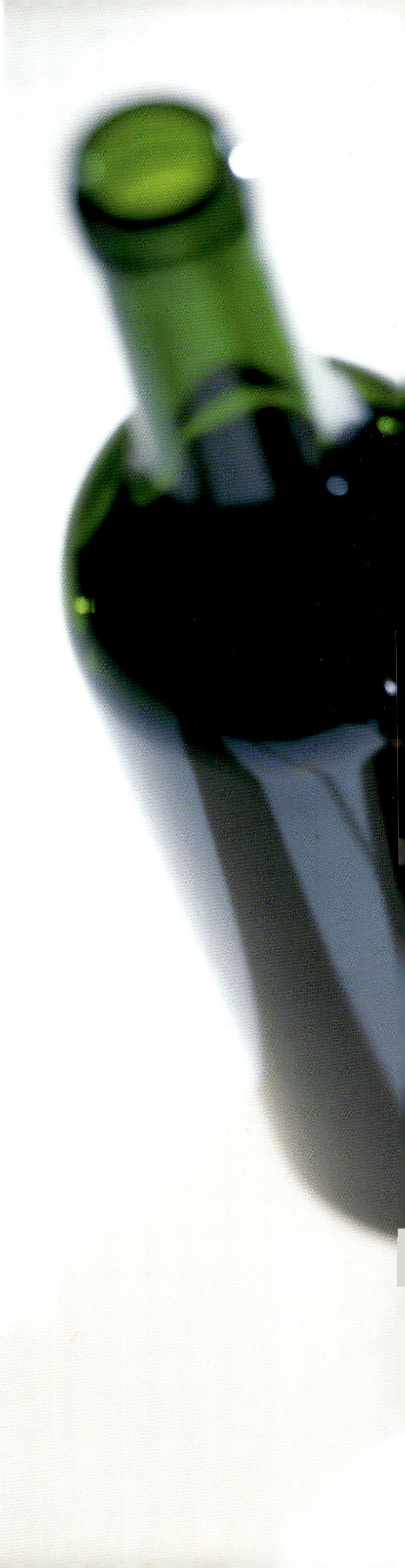

Großbritannien ist nach wie vor Zentrum des Weltweinhandels.

Claret

Die Briten sind schon ein verrücktes Volk. Sie würzen ihre Speisen mit Pfefferminze, betreiben mit Cricket einen Sport, bei dem sich ein Spiel über mehrere Tage (!) hinzieht und nennen Bordeaux-Weine immer noch anders als der Rest der Welt. Sie nennen sie „Claret". Gemeint sind damit alle roten Weine aus diesem Anbaugebiet. Diese Eigentümlichkeit ist historisch begründet. Im Mittelalter standen die Rotweine im Bordeaux-Gebiet nur sehr kurz auf der Maische, konnten also nicht viele Farbstoffe aus den Traubenschalen lösen. Der von der Farbe eher an Rosé erinnernde Wein wurde deshalb als vinum clarum oder schlicht Clairet bezeichnet. Er wurde in viele Länder exportiert, darunter auch nach London. Mit den Jahren haben die Briten das „i" wohl verlegt, so entstand der Begriff Claret. Eigentlich bezeichnet dieser also eine Art Rosé-Wein.

Wären die Briten korrekt, müssten sie die edlen roten Tropfen aus Bordeaux als „Pinpin" bezeichnen. So hieß nämlich im Mittelalter der dunkelfarbige Wein, der aus dem Pressen der Schalen gewonnen wurde. Auch für deutsche Rheinweine haben die Briten eine eigene Bezeichnung. Sie nennen sie „Hock", nach der Weinstadt Hochheim im Rheingau. Eine alte Regel lautet: „Good hock keeps away the doc", frei übersetzt so viel wie: „Guter Hochheimer Wein erspart den Onkel Doktor."

Alle großen europäischen Klassiker sind mittelschwere Weine. Ausgewogenheit und Tiefe sind ihre Stärke.

1 Die königliche Traube Grenache.

2 Italiens Weinikone: Sangiovese.

3 Merlot – der große Schmeichler.

Drei typische Rebsorten für „Mittelschweren Rotwein"

Grenache/Garnacha

Dies ist die am zweithäufigsten angebaute Traubensorte der Welt! Ihren Ursprung hat die Erfolgsgeschichte in Aragón (Nordspanien), wo die Rebe als Garnacha bekannt ist. Zusammen mit dem Königreich Aragón breitete auch sie sich aus, zuerst nach Rioja und Navarra und schließlich über den ganzen Globus. In Frankreich ist sie eine der verbreitetsten Rebsorten des Midi geworden. Man findet sie auch in folgenden berühmten Weinen: Châteauneuf-du-Pape, Gigondas und Côtes du Rhône sowie als Rosé im Tavel und Lirac. Eine so erfolgreiche Sorte ist zwangsläufig ein Massenträger, das bedeutet, dass die Rebstöcke zwar mit großer Sicherheit in jedem Jahr viele reife Trauben tragen, dass die daraus erzeugten Weine jedoch nicht über die Konzentration von Weinen edlerer Sorten verfügen. Es gibt jedoch einige Klone, also speziell selektionierte Rebstöcke, die weniger Menge, dafür aber bessere Qualität liefern – dann kann die Grenache einige der besten Weine der Welt ergeben. Nebenbei bemerkt: Die rote Garnacha hat einen weißen Bruder, den Garnacha Blanca oder Grenache Blanc, der weiche, ölige Weißweine ergibt.

Im Duft finden sich Anklänge von Rosinen, Tabak oder Marmelade und vor allem Brombeere.

Sangiovese

Die Rebsorte Italiens schlechthin, ist sie doch in rund zwei Dritteln des Landes verbreitet und damit die meist angepflanzte Rebsorte auf dem Stiefel. Ihre ursprüngliche Heimat dürfte die Toskana sein, wo sie genauso wie in der Emilia-Romagna, den Marken, in Umbrien und Latium eine der wichtigsten Rotweinsorten darstellt. Sie ist in unzähligen Weinen Italiens enthalten, unter anderem stellt sie den Hauptanteil beim Chianti. Dieser wurde übrigens früher in strohumflochtene Flaschen abgefüllt, welche den Namen „Fiasco" trugen. Für ein paar Jahre gehörten sie – ausgetrunken und mit Tropfkerzen versehen – in jeden anständigen deutschen Partykeller.

Der Sangiovese ist neben dem Chianti auch für andere berühmte italienische Weine zuständig, beispielsweise für den Brunello di Montalcino oder den Vino Nobile di Montepulciano. Sangiovese-Weine haben ausgesprochen viele Gerbstoffe und viel Säure, zudem keine sonderlich tiefe Farbe.

Vom Duft her erinnert die Sorte an Sauerkirsche, Leder, Vanille, Preiselbeeren oder Pflaumen.

Merlot

Neben dem fleischig-tintigen Shiraz momentan die angesagteste Rebsorte weltweit. Der Merlot ergibt weiche, samtige Weine, die den Gaumen umschmeicheln. Die hochwertige Rebsorte spielt im Bordeauxgebiet eine beinahe ebenso bedeutende Rolle wie der Cabernet Sauvignon. Der Merlot ergibt jedoch weniger kantige und früher reife Weine als der Cabernet Sauvignon. Das so genannte „Rechte Ufer" in Bordeaux – die bekanntesten Gebiete sind Pomerol und Saint-Emilion – nennt die Rebsorte ihre Heimat. In den dortigen Cuvées stellt der Merlot einen höheren Anteil als der Cabernet Sauvignon. Einer der berühmtesten und teuersten Weine der Welt, Château Pétrus, besteht nahezu vollständig aus Merlot-Trauben. Mittlerweile wird diese Rebsorte überall auf der Welt angebaut, auf über 100 000 Hektar bislang – dies entspricht der gesamten deutschen Rebfläche!

Im Duft finden sich Anklänge von Backpflaumen, Trüffel, Cassis oder Beeren.

Drei typische Anbaugebiete für „Mittelschweren Rotwein"

Bordeaux

Bordeaux – das ist Glockenklang in den Ohren aller Weinfreaks! Auch wenn in den letzten Jahren die Preise für die gesuchten Tropfen dieses französischen Anbaugebiets sehr angezogen haben. Mit Bordeaux-Weinen wird mittlerweile sogar – ähnlich wie mit Aktien – spekuliert. Benannt ist das Gebiet nach der gleichnamigen Stadt in Südfrankreich. Sie liegt am Fluss Garonne und zählt über 600 000 Einwohner. Das Anbaugebiet von Bordeaux ist riesig – so groß wie die gesamte Rebfläche Deutschlands – und insgesamt gibt es rund 13 000 Weinerzeuger. Heute ist das Bordeaux vor allem für seine Rotweine bekannt, die aus den Rebsorten Cabernet Sauvignon, Cabernet Franc und Merlot kreiert werden, sowie für die edelsüßen Weine des Sauternes aus den Rebsorten Sémillon und Sauvignon Blanc. Bis 1969 war das noch ganz anders. Damals wurden hauptsächlich Weißweine im diesem Gebiet angebaut.

Toskana

Die wunderschöne Toskana ist nicht nur bei einer gewissen politischen Fraktion beliebt. Das mittelitalienische Anbaugebiet mit Zentrum Florenz ist vor allem durch den Chianti berühmt geworden. Wie dieser sind über 90 % aller hier erzeugten Weine rot. Und fast alle Weine werden von der Sangiovese-Traube dominiert. Weitere berühmte Erzeugnisse aus dieser sind unter anderem: Brunello di Montalcino, Vino Nobile di Montepulciano, Rosso di Montalcino. Die Chiantis – und rund jeder dritte toskanische Wein ist ein Chianti – sind am besten, wenn sie aus dem ursprünglichen Kerngebiet stammen, was durch den Namen Chianti Classico gekennzeichnet ist. Aus diesem Gebiet kamen früher die einzigen Weine, die sich Chianti nennen durften, bis der Name so populär wurde, dass man sich entschloss, das Chianti-Gebiet zu vergrößern.

Zu den teuersten Weinen der Toskana zählen heute die Supertuscans – die Supertoskaner. Diese im kleinen Holzfass, dem Barrique, ausgebauten Weine tragen so wunderbar klingende Namen wie Masseto, Solaia, Ornellaia oder Tignanello. Im Gegensatz zu anderen toskanischen Weinen sind in ihnen große Anteile für die Region untypischer Rebsorten enthalten, wie Cabernet Sauvignon oder Merlot. Sie entsprechen zumeist mehr dem internationalen Geschmack, Kritiker werfen ihnen vor, nicht mehr typisch italienisch zu sein.

Rioja

Würden Sie auf der Straße wahllos Passanten fragen, welche Weine sie aus Spanien kennen, würden sie vermutlich diese Antwort hören: Sherry und Rioja. Jahrzehntelang war für viele Weintrinker Spanien gleich Rioja, denn qualitativ hochwertige Weine kamen eigentlich nur aus dieser nordspanischen Provinz. Deren Name stammt übrigens von einem Nebenfluss des Ebro, dem Rio Oja – dem Fluß Oja. Der für den Wein bedeutendste Moment in der Geschichte der Region ereignete sich Ende des 19. Jahrhunderts. Die Reblaus war in Europa eingefallen und hatte unter anderem die Rebstöcke Bordeauxs vernichtet. Das nahmen einige hundert Winzer zum Anlass, ins spanische, schädlingsfreie Ebro-Tal umzuziehen. Mit den Winzern kam viel Wissen über Wein, dessen Herstellung und Vermarktung in die Region.

Die traditionellen Riojas sind durch ihre lange Lagerung in Holzfässern gekennzeichnet. Im Bukett dominiert deswegen nicht Frucht, sondern Struktur. Die besten Weine sind die, die am längsten im Holzfass lagern: die Gran Reservas. Entsprechend kürzer lagern – in dieser Reihenfolge: Reserva, Crianza, Joven. Cosecha steht übrigens für den Jahrgang.

Bordeaux bleibt Bordeaux – der Nabel der Weinwelt.

Ziel vieler Urlauber, Feinschmecker und Weinfans: die Toskana.

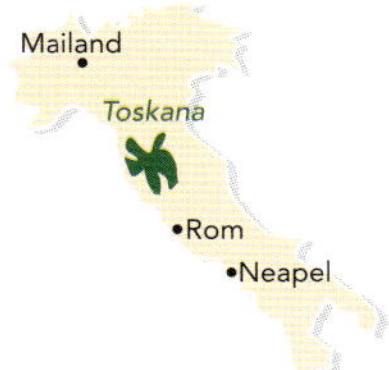

Rioja – Spaniens großer Klassiker.

INFO-KASTEN

Mittelschwere Rotweine

Passen zu: Sparsam gewürzten Fleisch- und Wildgerichten, kräuterbasierten Speisen.
Temperatur: 15–18 °C

Wein und Speisen

In der europäischen Hochküche gibt es einige unschlagbare Kombinationen: Ente à l'orange zu einem fein gereiften Bordeaux, Rioja zu Rehmedaillons oder Saltimbocca alla romana zu einem großen Chianti Classico. Das Wasser kann einem allein beim Gedanken an diese lukullischen Genüsse schon im Mund zusammenlaufen! Auch zu Hirschpfeffer oder Lammkeule sind diese Weine ein Gedicht. Mit der klassischen französischen Küche ist dieser Weintyp von jeher problemlos zu kombinieren. Er passt hervorragend zu sparsam gewürzten Fleisch- und Wildgerichten, darunter auch Wildgeflügel wie Fasan, Rebhuhn oder Ente. Die komplexen, teilweise würzigen Aromen dieses Weintyps verbinden sich ebenfalls wunderbar mit von Kräutern dominierten Gerichten. Für Liebhaber, die ihren geliebten Tropfen mit nichts weiter als einem feinen Stück Käse genießen wollen, empfehlen sich milde Käse. Auf eines gilt es jedoch zu achten: Die begleitenden Speisen sollten nicht zu kräftig gewürzt sein, vor allem nicht zu scharf. Denn Schärfe lässt den Alkohol im Wein deutlicher hervortreten, sodass der Wein brandig wirkt.

Je länger dieser Weintyp altert, desto samtiger wird er. Der Alkohol gibt zusätzlich Schmelz und Süße. Besonders gelungen ist es, wenn diese leichte Süße in der Speise eine Entsprechung findet.

Rebhuhn auf Linsengemüse

Für 4 Personen
Zubereitungszeit: 1 Std.
Einweichzeit: 12 Std.

200 g braune Linsen
50 g Speck
je 50 g Schalotten, Karotten und Sellerie
1 EL Öl
1 EL Tomatenmark
150 ml Rotwein
250 ml Fleischbrühe
2 EL Balsamico-Essig
Salz, Pfeffer aus der Mühle
4 küchenfertige Rebhühner
Butter für die Form

1. Die Linsen über Nacht in kaltem Wasser einweichen.

2. Den Speck und das Gemüse würfeln. Das Öl in einer Pfanne erhitzen, beides darin kurz anrösten und dann mit Tomatenmark und Wein ablöschen. Linsen abgießen, zusammen mit der Fleischbrühe in die Pfanne geben und alles weich kochen. Mit Essig, Salz und Pfeffer würzen.

3. Den Backofen auf 220 °C vorheizen. Die Rebhühner von innen und außen salzen und pfeffern.

4. Eine feuerfeste Form ausbuttern, Linsengemüse einfüllen, Rebhühner darauf setzen und im Backofen etwa 15 Minuten braten.

Mittelschwerer Rotwein

Unser Proben-Wein:

Name: Mouton Cadet

Herkunft: Bordeaux (Frankreich)

Rebsorten: Cabernet Sauvignon, Merlot, Cabernet Franc

Preis: Um 8 Euro

Nase: Hierbei handelt es sich um eine ganz klassische Bordeaux-Nase, bestimmt durch die Noten des Cabernet Sauvignon: Pfeffer, rote Beerenfrucht, grüne Paprika, Brennnessel und Champignons. Dieser Wein ist komplex und verbirgt seine Herkunft nicht.

Geschmack: Auch im Mund ein klassischer Bordeaux: Im Vordergrund steht nicht die Frucht, sondern die Struktur. Ein trockener Wein mit gelungenen Gerbstoffen und einem langen Abgang.

Gesamturteil: Dieser erfolgreichste aller Bordeaux-Weine stammt aus dem Hause Mouton-Rothschild und zeigt, wohin die Reise gehen kann, wenn man bereit ist, etwas mehr Geld für französische Gewächse auszugeben. Es sind Weine mit Komplexität und Charakter, mit denen man einen ganzen Abend verbringen möchte.

Auch gut:

Name: Torres „Sangre de Toro“

Herkunft: Penedes (Spanien)

Rebsorten: Garnacha, Carinena

Preis: Um 5 Euro

Nase: Hier wird tatsächlich der spanische Stier losgelassen: Leder und andere animalische Noten finden sich im beeindruckenden Bukett. Für die nötige Würze sorgt weißer Pfeffer. Ein Wein, der auf seine Art „wild“ wirkt.

Geschmack: Im Mund sind reife Brombeeren zu schmecken. Die Gerbstoffe sind angenehm, ohne ins Belanglose abzurutschen. Die Säure hält den ungestümen Wein frisch und die schöne weiche Süße macht ihn regelrecht „süffig“. Im Abgang ist er makellos trocken.

Gesamturteil: Der Wein „mit dem Stier“ stammt von einem der bedeutendsten spanischen Weinpioniere, Miguel Torres. Er steht stellvertretend für die modernen spanischen Weine und zeigt animalische, holzfassbedingte Noten. Alles ist auf einer reifen Frucht aufgebaut.

9. Gehaltvoller Rotwein

Diese Weine sind eine sichere Bank, wenn Sie Gäste eingeladen haben, die von Wein nichts verstehen oder aber meinen, schon alles verkostet zu haben.

Egal zu welcher Gruppe Ihre Gäste gehören, dieser Weintyp wird sie einfach überrollen. Man trinkt nämlich keine gehaltvollen Rotweine, man wird von ihnen überwältigt. Diese Weine sind nicht britisch zurückhaltend oder schüchtern wie junge Mädchen in Romanen des Biedermeiers. Nein, sie sind forsch, sie werfen mit ihren Reizen nur so um sich und scheinen ganz profan zu sagen: „Trink mich! Jetzt sofort!“

Sie merken schon, dieser Weintyp hat eine sehr sinnliche Komponente. Tiefdunkel in der Farbe, fruchtstrotzend, im Mund ausladend, sind diese Tropfen geradezu barocke Geschöpfe. Manchen davon wird das Etikett „Trinkmarmelade“ angeheftet, weil sie sich vor lauter Extraktstoffen fast ölig im Glas bewegen, wenn man dieses schwenkt. Und weil sie im Mund die wundervolle Süße von reifem, teilweise überreifem Traubenmaterial aufweisen. Selbstverständlich sind diese Weine trocken, der süße Eindruck kommt allein durch die volle Frucht.

Solche Kraftmeier wachsen nicht in Regionen, in die sich im Sommer Wolken an den Himmel verirren. Diese Weine saugen das ganze Jahr über Sonnenstrahlen auf und verwandeln sie in süße Trauben. Diese Kraft ist es, die man schmecken kann. Weine solchen Typs kamen lange Zeit vorwiegend aus Ländern der Neuen Welt – aus Kalifornien, aus Chile, aus Argentinien oder Australien. Wer diesen Weintyp in Europa suchte, konnte nur in Spanien fündig werden, wo zum Beispiel in Ribera del Duero fruchtbetonte Weine gedeihen. In den letzten Jahren hat aber auch der Süden Frankreichs – lange Zeit für Weine minderer Qualität verrufen – einen kometenhaften Aufstieg hingelegt. Gute gehaltvolle Rotweine tauchten dort plötzlich überall auf, zu teilweise sensationell niedrigen Preisen. Ein wahres Weindorado! Süditalien zieht nun nach, viel Geld wird dort investiert, neue Rebflächen bestockt. Denn dieser Weintyp ist momentan en vogue. In seiner gefälligen, sinnlichen und vor allem fruchtstrotzenden Art passt er in unsere Zeit der Extreme. Wer es nicht in kurzer Zeit schafft aufzufallen, der wird übersehen. Diese Weine rufen: „Hier bin ich!“

Aber genau das ist es auch, was einige Kritiker ihnen vorwerfen: Sie wären zu vordergründig fruchtbetont, zu eindimensional, besäßen keine Tiefe und würden weltweit sehr ähnlich schmecken. Diese Vorwürfe sind für viele, gerade einfache Weine, nicht von der Hand zu weisen. Aber es hat ein Trend eingesetzt, auch bei diesen Weinen ihre Herkunft klarer herauszuarbeiten. Zum Beispiel dadurch, dass man auch autochthone, also einheimische Rebsorten, für ihre Herstellung nutzt und nicht ausschließlich die weltweit zu findenden Cabernet Sauvignon oder Merlot. Es ist ein Weintyp, der gewissermaßen noch am Anfang steht, in seiner Jugend. Und er hat all das, was an der Jugend fasziniert: Überschwänglichkeit, Sorglosigkeit, unbekümmerte Freude. Jeden Euro mehr, den Sie für einen Wein dieser Art ausgeben, können Sie zumeist schmecken: Der Wein ist einfach „dicker“, also dichter im Mund, eventuell einen Tick fruchtsüßer, mit noch mehr reifen Gerbstoffen vollgepackt. Dies gilt auch hinsichtlich des Alkohols – viele Gläser können Sie hiervon nicht trinken. Im Sommer mögen diese Weine manchmal zu viel des Guten haben, im Winter dagegen ersparen sie Ihnen den Kamin.

INFO-KASTEN

Weintyp:
Gehaltvoller Rotwein

Aussehen:
Dunkelrot bis tintenschwarz

Duft:
Überbordende süße Fruchtaromen (z. B. Pflaumen), Rauch, Vanille, Gewürze

Geschmack:
Fruchtstrotzend, fast süß wirkend, alkoholbetont, mit vielen reifen Gerbstoffen, die nach Mokka oder Bitterschokolade schmecken

Preiskategorie:
4–10 Euro

In gehaltvolle Rotweine packen Winzer alles, was reinpasst: Alkohol, Gerbstoffe, Farbe satt.

Joint Venture

Michael Mondavi führt heute das Familienunternehmen.

Globalisierung ist überall in der Wirtschaft ein großes Thema – auch in der Weinindustrie. Dehnten sich Weindynastien und Unternehmen in früheren Zeiten vor allem im eigenen Land aus, so hat in den letzten Jahren eine rasante Entwicklung hin zu globalen Weinproduzenten eingesetzt. Vorreiter waren die französischen Rothschilds. Mittlerweile haben sie unter anderem mit „Los Vascos" ein Weingut in Chile, aber auch Besitztümer in Portugal oder Kalifornien. Dort gingen sie ein Joint Venture mit Robert Mondavi, einem der großen amerikanischen Weinpioniere ein. Dieser ist mittlerweile auf etlichen Kontinenten aktiv: Europa, Australien, Südamerika. Kaum ein renommiertes Weinbauland, in dem er noch keine Kooperation mit einem lokalen Erzeuger eingegangen ist.

Auch deutsche Produzenten haben ihre Fühler ins Ausland ausgestreckt. Der umtriebige Ahr-Winzer Werner Näkel ist an Weingütern in Portugal und Südafrika beteiligt. Einher geht eine solche internationale Zusammenarbeit immer mit dem Austausch von Know-how. Oftmals sind Joint Ventures wahre Innovationsmotoren für Anbaugebiete. Natürlich geht dies meist Hand in Hand mit einem internationalen Weinstil. Positiv ist jedoch, dass noch nie weltumspannend so professionell gearbeitet wurde und so viel gute Weine auf dem Markt waren wie heute.

1 Die Tempranillo steckt hinter Spaniens großen Weinen.

2 Weltweit zu finden: Cabernet Sauvignon.

3 In Australien ging ihr Stern auf: Shiraz.

Drei typische Rebsorten für „Gehaltvollen Rotwein"

Tempranillo

Spaniens Königin heißt Tempranillo! Oder auch nicht – denn diese Rebsorte hat viele Namen. Jede Region des Landes scheint ihr einen eigenen geben zu wollen: Ull de Llebre, Ojo de Liebre, Cencibel, Tinta Roriz, Roriz, Tinta Aragonez, Tempranilla, Tinto del Pais, Tinto Fino und und und. Bleiben wir der Einfachheit halber bei Tempranillo. Diese Rebe reift früher als ihre innerspanische Konkurrentin Garnacha, ist sehr tief in der Farbe und hat gute Säurewerte. Daraus folgt: Sie ergibt elegante, langlebige Weine. Die Tempranillo stellt den größten Anteil an fast allen Rioja-Weinen, insbesondere den Reserva-Qualitäten. Aber auch im immer mehr ins Rampenlicht rückenden Rest von Spanien ist sie vertreten. In Mittelspanien – vor allem in La Mancha – hat sie ihre größte Verbreitung. Mittlerweile stehen auch über 11 000 ha der Rebsorte in Argentinien, und auch die Amerikaner haben die Tempranillo in ihr Herz geschlossen.

Vom Duft erinnert sie an Sandelholz, Cassis oder Beeren, vor allem an Brombeeren und Preiselbeeren.

Cabernet Sauvignon

Über diese Rebsorte haben sich weltweit Weinjournalisten die Finger wund geschrieben, und jeder Weinfreund hat sie – bewusst oder unbewusst – schon einmal genossen. Neben vielen Tropfen aus der Neuen Welt ist sie als Hauptrebsorte in den roten Bordeaux-Weinen aus dem Médoc zu finden. Es gibt keine Rebsorte, aus der weltweit mehr Spitzenweine erzeugt werden. Überall will man den Franzosen zeigen, dass man es so gut kann wie sie. Der aus Cabernet Sauvignon gewonnene Wein ist tieffarbig, mit vielen Gerbstoffen und reift sehr langsam. Er sollte deshalb erst nach einigen Jahren der Reifung genossen werden. Auf seinem Höhepunkt zeichnet er sich dann durch Charakter, Klasse und Eleganz aus. Häufig wird die Cabernet Sauvignon-Rebe mit den Sorten Merlot und Cabernet Franc kombiniert, um einen komplexeren Wein zu erhalten.

Der Duft erinnert an Paprika, Pfeffer, Cassis oder Eukalyptus.

Syrah/Shiraz

Die Syrah schrieb *die* Erfolgsgeschichte der letzten Jahre. In Australien als Shiraz hoffähig gemacht, in Frankreichs Süden – seiner ursprünglichen Heimat – wiederentdeckt, von den Weinpäpsten mit Lob überhäuft, wird die Rebe nun überall angepflanzt, wo das Klima halbwegs passt. So möchte beispielsweise Südafrika in Zukunft mit Syrah für Furore sorgen. Schon in Römischer Zeit soll die Rebsorte nach Südost-Frankreich gekommen sein. Vermutet wird, dass sie ihren Ursprung in Persien hat, darauf deuten zumindest die Städtenamen Shiraz und Syrakus hin. Der aus ihr gewonnene Wein ist tieffarben, fast tintig, und bietet einen hohen Extrakt- und Tanningehalt. Aus ihr stammen die großen Rotweine der Rhône (Côte Rôtie, Hermitage).

Die meisten Rebstöcke stehen jedoch auf der anderen Seite der Welt, in Australien, wo die Rebsorte als Shiraz oder Hermitage bezeichnet wird. Die Weine vom fünften Kontinent sind weniger elegant als die hiesigen, dafür strotzen sie mit ihrer geradezu explosiven Frucht.

Im Duft finden sich Anklänge von Pflaumen, Veilchen, Trüffel oder schwarzen Johannisbeeren.

Drei typische Anbaugebiete für „Gehaltvollen Rotwein"

Ribera del Duero

Kein anderes spanisches Weinanbaugebiet hat einen solchen Aufschwung erlebt wie das nahe Valladolid gelegene Ribera del Duero – auch wenn sich in jüngster Zeit das Priorat und Toro anstrengen, es ihm nachzutun. Ribera del Duero ist vor allem bekannt geworden, weil die Weine aus dieser Region fruchtbetonter und körperreicher sind als ihre Pendants aus Rioja. Wie in fast allen Gebieten Spaniens wird hier vor allem Rotwein erzeugt und auch hier regiert die Tempranillo-Rebe. Was erstaunt, ist, dass der berühmteste Wein Spaniens nicht aus der altehrwürdigen Rioja, sondern eben aus Ribera del Duero stammt. Es ist der Vega Sicilia Unico, den Sie – wenn Sie viel Glück haben – ab 150 Euro bekommen.

Ribera del Duero liegt relativ hoch, zwischen 750 und 800 m über dem Meeresspiegel dürfen sich die Reben sonnen. In den Dörfern des Anbaugebiets fallen einem unweigerlich Bauten auf: kleine, herdgroße Steinhügel mit seitlichen Löchern. Diese stammen nicht etwa von kastillischen Maulwürfen, sondern sind das sichtbare Ende der Schächte, welche die unterirdischen Keller mit Luft und Licht versorgen. In diesen Kellern reifen die gehaltvollen Tropfen der Region heran, bis sie Genuss bereiten und verkauft werden können.

Chile

Die Wein produzierenden Länder Amerikas – aber auch Australien, Neuseeland und Südafrika – werden gerne als die Neue Welt des Weins bezeichnet. Da kann Chile nur müde lächeln. Seit Mitte des 16. Jahrhunderts wird dort bereits Weinbau betrieben. Und noch mehr als das: Als alle europäischen Rebstöcke von der Reblaus niedergestreckt wurden, blieb Chile verschont, denn das Ungeziefer schaffte es nicht über die Anden. Deswegen stehen heute im Andenland einige der ältesten Rebstöcke der Welt! Berühmt geworden ist Chile für seine fruchtbetonten Weine aus der Carmenère- sowie der Cabernet Sauvignon-Rebe, die dort häufig Anklänge von Eukalyptus entwickeln. Bessere Tropfen finden sich in ganz Südamerika nicht, vielleicht mit Ausnahme einiger Spitzenerzeuger in Argentinien.

Berühmte europäische und nordamerikanische Weindynastien wie Torres aus Spanien, die Rothschilds aus Frankreich oder Mondavi aus den USA produzieren mittlerweile Weine in dem langgestreckten Land an der Westküste Südamerikas. Die meisten Weinanbaugebiete, wie Maipo, Rapel oder Curico, befinden sich in der Nähe der Landeshauptstadt Santiago und werden mittels Schmelzwasser aus den Gletschern der Anden bewässert.

Australien

Im Jahr 1788 lief ein Schiff an der Ostküste Australiens mit den ersten Reben für den fünften Kontinent ein. Doch erst rund zweihundert Jahre später fand der Weinboom statt. Seit Anfang der 80er Jahre hebt Australien qualitativ und quantitativ ab. Heutzutage ist der Kontinent sowohl für hervorragende Weine im unteren Preisbereich wie auch für absolute Spitzengewächse bekannt. Der Weinbau beschränkt sich auf die Küstenregionen des heißen Kontinents, vor allem auf den Südosten.

Die große Rebsorte des Landes ist der Shiraz – als Syrah in Frankreich bekannt. Aus ihr werden die bekanntesten und teuersten Weine des Landes gekeltert. Bei den weißen Rebsorten führen Chardonnay und Riesling die Statistik an. Im Gegensatz zu vielen Bereichen Europas herrscht in Australien eine Weinindustrie vor. Wein wird für die Bedürfnisse der Kunden kreiert. Und momentan verlangen diese Bedürfnisse fruchtstrotzende, kräftige, tiefdunkle Rotweine.

Ribera del Duero ist die Heimat des legendärsten spanischen Weins.

Spezialist für Cabernet Sauvignon: Chile.

Australien hat den Shiraz in aller Munde gebracht.

INFO-KASTEN

Gehaltvolle Rotweine

Passen zu: Wild in kräftigen Saucen, Rind (Roastbeef, T-Bone-Steak), Schmorgerichten, Hartkäse.
Temperatur: 15–18 °C (Zimmertemperatur)

Wein und Speisen

Gehaltvolle Rotweine brauchen einen gehaltvollen Gegenpart, sonst übernehmen sie die Tafel. Einen solchen zu finden, ist gar nicht so leicht. Dezent gewürzte Gerichte mit feinen Aromen gehören jedenfalls nicht dazu. Leichte Speisen passen nicht zu den schweren Weinen. Stattdessen brauchen Sie würziges Fleisch, zum Beispiel Rind in allen möglichen Variationen – ob als Roastbeef oder in Form eines T-Bone-Steaks. Ist die Tafel etwas feiner, darf es natürlich auch Wild sein, ruhig auch in kräftigen Saucen. Diese Weine können das vertragen. Besonders gelungen ist die Kombination, wenn die Süße des Weins ihre Entsprechung in der Speise findet. Dies ist z. B. der Fall bei Zwiebeln, Schalotten, Möhren oder den zu Unrecht in der feinen Küche verpönten Kohlrabi.

Schmorgerichte sind ebenfalls ideal. Die Speise kann gar nicht zu viel Geschmacksstoffe haben – einen gehaltvollen Wein wird sie nie umwerfen. Sie kann aber allerdings die falschen beinhalten. Denn die Stärke dieses Weintyps, der mächtige Alkohol, ist gleichzeitig auch seine lukullische Achillesferse. Der Alkohol ist es, der dem Wein seine Kraft gibt, sein Rückgrat, und der auch für einen Teil der Süße und des Schmelzes sorgt. Leider vertragen sich sehr alkoholische Weine, ab 13 % Vol. aufwärts, außerst schlecht mit Butter oder Sahne. Bei dieser Kombination ist große Vorsicht geboten! Der Alkohol kann bei übermäßigem Einsatz dieser Geschmacksträger scharf wirken und dadurch unharmonisch. Seien Sie also sparsam damit, ein bisschen geht natürlich immer. Auch mit Salz verträgt sich Alkohol nicht gut. Ist hiervon zu viel im Essen, dann schmeckt der Wein bitter. Aber da Salz sowieso ungesund ist, hilft uns der gehaltvolle Wein auf diese Art, auf unsere Ernährung zu achten.

Noch ein kleiner Tipp: Haben Sie einen gehaltvollen Rotwein erwischt, der im Mund noch etwas rau oder ledrig wirkt, dann geben Sie Ihrer Speise etwas mehr Süße mit auf den Weg, am einfachsten in Form der begleitenden Sauce. Das mildert den Eindruck von unreifen Gerbstoffen im Mund und lässt den eventuell zu jungen oder einfach nicht hundertprozentig gelungenen Wein weicher und runder erscheinen.

Hasenrücken mit Gemüsesauce

Für 4 Personen
Zubereitungszeit: 1 Std.

2 Hasenrücken (ca. 1,2 kg)
150 g Speck
100 g Sellerie
2 kleine Zwiebeln
150 g Karotten
150 g Lauch
Salz, Pfeffer aus der Mühle
4 EL Pflanzenöl
2 Zweige Rosmarin
500 ml Wildfond (a. d. Glas)

1. Den Hasenrücken von Sehnen und Häuten befreien. Den Speck fein würfeln. Sellerie, Zwiebeln und Karotten schälen. Sellerie und Karotten in Würfel, den Lauch in Ringe schneiden. Zwiebeln halbieren.

2. Den Backofen auf 180 °C vorheizen. Den Hasenrücken mit Salz und Pfeffer würzen und in einer feuerfesten Form im Öl anbraten. Den Speck, das Gemüse und die Rosmarinzweige zufügen und im vorgeheizten Backofen etwa 20 Minuten garen. Das Gemüse ab und zu wenden.

3. Den Hasenrücken aus der Form nehmen, das Gemüse und den Bratenfond in einen Topf füllen. Den Wildfond dazugeben und alles um die Hälfte einkochen lassen. Zuletzt durch ein Sieb streichen.

4. Das Fleisch vom Rücken lösen, in Scheiben schneiden und mit der Sauce begießen.

Gehaltvoller Rotwein

Unser Proben-Wein:

Name: Ernest & Julio Gallo „Turning Leaf" Zinfandel

Herkunft: Kalifornien (USA)

Rebsorten: Zinfandel

Preis: Um 7 Euro

Nase: Im Bukett findet sich ein auf den ersten Blick widersprüchliches Aroma-Stelldichein: Leder, schwarze Johannisbeere, frisches Roggenbrot, Sauerkirschen, Waldboden, Rauch. Aber es passt alles zusammen und ergibt einen würzigen Fruchtcocktail.

Geschmack: Die reifen Gerbstoffe dieses Weins schmecken wie Zartbitterschokolade – mit einem leichten Hauch Nuss. Der Körper ist kräftig, aber in ihm liegt weich gebettet die runde, geschmeidige Frucht.

Gesamturteil: Gallo-Weine gibt es in vielen preislichen Abstufungen – und jeden Euro mehr können Sie schmecken! Dieser Tropfen aus Kaliforniens Vorzeigerebsorte Zinfandel ist rundum gelungen: kräftig und unkompliziert.

Auch gut:

Name: Hardy's Shiraz / Cabernet Sauvignon

Herkunft: Australien

Rebsorten: Shiraz, Cabernet Sauvignon

Preis: Um 5 Euro

Nase: Machen Sie Platz, hier kommt ein Vollblutwein! Im Bukett findet sich vor allem reife Kirsche und davon nicht zu wenig! Die Spannung hält dieser Wein durch Aromen wie Gewürznelken und Pfeffer. Ein wahrhaft sinnlicher Duft!

Geschmack: Hier hat man es mit einer kraftvoll süßen Frucht im Mund zu tun – sehr dominant, sehr in den Bann ziehend. Der Wein wirkt geschmeidig und schwer, wie dicker Samtstoff. Der leckere Abgang ist jedoch trocken, dadurch macht der Wein nicht zu satt.

Gesamturteil: Ein mächtiger Wein aus „Down Under". Manchem Weintrinker mag dieser Tropfen zu glatt sein, zu perfekt. Kanten hat er sicherlich nicht, aber er gibt auch nicht vor, mehr zu sein als er ist: ein leckerer, gehaltvoller Rotwein mit viel, viel Frucht.

Auf einen Blick:

10 Fakten, die man über Rotwein wissen muss

1 Typische Aromen bei Rotweinen sind Kirsch- und Beerenfrüchte. Vor allem schwarze Johannisbeeren – auch als Cassis bekannt – treten bei vielen, unter anderem aus Cabernet Sauvigon gewonnenen Weinen im Bukett auf.

2 Rotweine weisen mehr Gerbstoffe auf als Weißweine. Diese Bestandteile werden aus den Beerenhäuten während der alkoholischen Gärung gelöst. Sie können für ein pelziges Gefühl im Mund sorgen, aber auch für angenehme Kaffee- und Zartbitterschokolade-Geschmacksnoten.

3 Alle großen Rotweine der Welt – und immer mehr „kleine" – werden in speziellen Holzfässern, so genannten Barriques, ausgebaut. Diese geben Geschmacksnoten an den Wein ab, wie beispielsweise Vanille, Nuss oder Rauch. Um bei preiswerten Weinen diesen „Holzgeschmack" zu bekommen, benutzen Weinproduzenten, vor allem in der Neuen Welt, so genannte Holzchips, welche sie in den Wein geben, teilweise auch massive Holzstücke. Das Aroma ist dann jedoch nicht so fein, wie dies durch die kleinen Barrique-Fässer erreicht werden kann. Hinsichtlich Ihrer Gesundheit müssen Sie sich bei allen genannten Varianten keine Gedanken machen.

4 Es ist ein Irrglaube, dass Rotwein immer zimmerwarm getrunken werden muss. Leichte Rotweine können durchaus auch gut gekühlt auf den Tisch kommen – gerade im Sommer.

5 Rotwein boomt zur Zeit weltweit. Überall werden neue Flächen mit roten Reben bestockt. Nachdem jahrelang vor allem Cabernet Sauvignon und Merlot populär waren, hat in letzter Zeit vor allem die Syrah oder Shiraz genannte Rebsorte einen Boom erlebt. In vielen Ländern wird versucht, sie anzubauen, um fruchtbetonte Rotweine zu erzeugen.

Viele Rotweine sind schon fürs Auge eine Wonne.

6 Die Farbe des Rotweins sagt nicht immer etwas über seine Qualität aus. Manche Rebsorten ergeben einfach dunklere Weine als andere. Die Farbe kann jedoch Aufschluss über das Alter eines Weins geben. Junge Weine weisen zumeist violette Farbreflexe auf, ältere tendieren dagegen ins Orange.

7 Gerade die großen Rotweine der Welt sind in den letzten Jahren preislich abgehoben. Die Weine des Bordeaux stiegen als erste im Preis an, aber schon kurze Zeit danach meinte man in vielen Ländern teure Weine produzieren zu müssen, welche die 50-Euro-Grenze hinter sich lassen. Die Spitzen der Spitzen – zumindest preislich – liegen mittlerweile bei über 150 Euro. Große Weißweine – außer solchen aus dem Burgund – können dagegen noch relativ preiswert erstanden werden.

8 Rotwein und Käse – das passt in den seltensten Fällen. Dass diese beiden harmonieren, ist ein Aberglaube, den viele Vergleichsproben widerlegt haben. Die gelungene Kombination von Wein und Käse ist eine der spannendsten und diffizilsten Angelegenheiten. Fast immer sind weiße Weine den roten dabei überlegen.

9 Besonders im Burgund war jahrhundertelang die teilweise noch heute angewandte „Pigeage" per Fuß üblich. Pigeage bezeichnet das Untermischen der auf dem gärenden Saft schwimmenden Traubenschalen. Damit die Farb- und Gerbstoffe daraus gelöst werden können, muss dieser möglichst ausgiebig mit dem Saft in Kontakt kommen. Am einfachsten geht das, indem der Winzer oder seine Söhne (Frauen wurden für diese Arbeit fast nie herangezogen) in die 1–1,5 m hohen Bottiche sprangen und traten. Heute geschieht die Pigeage aus hygienischen Gründen zumeist mit technischen Hilfsmitteln.

10 Rotweine brauchen grundsätzlich größere Gläser als Weißweine. Sie benötigen mehr Luft zum Atmen – nur dann kann ihr Bukett sich voll entfalten und genossen werden.

10. Schaumwein

Champagner ist der König der Weine – das sagen jedenfalls die Champagner-Produzenten. Einen ganz besonderen Stellenwert hat dieser Wein, das ist unbestritten. Könnten Sie sich die Siegerehrung nach einem Formel-1-Rennen mit einer Flasche Trollinger statt teuerstem Champagner vorstellen? Es würde etwas fehlen. Auch bei anderen feierlichen Anlässen ist Schaumwein unerlässlich – dabei muss es nicht immer Champagner sein. Auch deutscher Sekt, italienischer Spumante oder spanischer Cava krönen ein jedes Fest. Ob Silvester, Taufe, Hochzeit, Meisterprüfung oder Promotion, angestoßen wird mit einem Glas feinster „Brause".

Wie kommt nun das Prickeln in die Flasche? Schaumweine durchlaufen eine zweite Gärung. Das heißt, zuerst wird „normaler" Wein, so genannter Stillwein, hergestellt – also das, was wir eigentlich als Wein kennen. Dann wird dem Wein die so genannte Fülldosage zugesetzt. Sie darf nur aus Most oder aus Wein und Zucker bestehen sowie natürlich aus Hefe. Wein und Fülldosage werden in Flaschen gefüllt und mit einem Kronkorken verschlossen. Nun gärt der Wein zum zweiten Mal. Im Gegensatz zur ersten Gärung kann die während dieses chemischen Prozesses entstehende Kohlensäure nicht entweichen und verbleibt im Wein – das spätere Prickeln. Während der Gärung wird die Flasche in so genannten regelmäßigen Abständen gedreht und immer weiter auf den Kopf gestellt. Auf diese Weise sammelt sich die Hefe, welche die zweite Gärung durchführt, am Flaschenhals. Beim Degorgieren wird der Flaschenhals dann in ein Kältebad getaucht, die Hefeablagerung gefriert und wird durch den inneren Druck mitsamt des Kronkorkens herausgesprengt.

Nun wird noch die Versanddosage zugefügt. Sie besteht aus Most, Wein, Zucker oder einer Mischung daraus, manchmal auch mit Zusatz eines Weindestillats, dem so genannten Esprit de Cognac. Die exakte Zusammensetzung der Versanddosage wird in jedem Champagnerhaus wie ein Geheimnis gehütet. Je nach Menge des hinzugefügten Zuckeranteils entspricht der Schaumwein dann den folgenden Geschmacksrichtungen (von trocken nach süß gelistet): Extra Brut, Brut, Extra trocken, Trocken, Halbtrocken oder Mild. Dabei darf die Bezeichnung Trocken bei Schaumwein nicht mit der Bezeichnung Trocken bei Wein gleichgesetzt werden! Extra Brut und Brut entsprechen einem trockenen Wein, Extra trocken dagegen einem halbtrockenen Wein und Trocken sogar einem lieblichen. Wenn Sie ein Glas trockenen Schaumwein stehen lassen, bis er ausgeperlt hat und ihn dann trinken, werden Sie merken, wie süß er ist.

Die beschriebene Herstellungsmethode ist die klassische, auch als Methode Champenoise bezeichnet. Bei ihr hat der Schaumwein in genau der Flasche, in der Sie ihn kaufen, die zweite Gärung durchgemacht. Eine preiswertere Methode stellt das Tankgärverfahren dar, auch als Charmat-Methode bezeichnet. Bei dieser findet die zweite Gärung in einem Tank statt, der Schaumwein hat die zweite Gärung also nicht in der Flasche durchgemacht, die Sie kaufen. Auf diese preiswerte Art und Weise werden die meisten Schaumweine produziert. Das feinere Prickeln, Mousse genannt, erbringt jedoch nur die aufwendigere klassische Methode.

Schaumwein kann sowohl aus weißen (Blanc de Blancs), roten (Blanc de Noirs) oder aus weißen wie roten Trauben (keine besondere Bezeichnung) gewonnen werden. Eine Besonderheit stellt der Rosé-Champagner dar. Er wird zumeist durch Zugabe von ein wenig Rotwein hergestellt. Alle anderen Rosé-Schaumweine der Welt werden aus Rosé-Grundweinen produziert. Dieser Weintyp hat weniger Säure als seine weißen Pendants, ist im Mund deshalb weicher und sollte jung getrunken werden. Die spritzigsten Schaumweine sind die Blanc de Blancs. In der Champagne werden diese nur aus Chardonnay hergestellt, in Deutschland zumeist aus Riesling. Die verwendeten Rebsorten variieren weltweit. Dieser Schaumweintypus altert am besten, jung kann er ein wenig zugeknöpft wirken. Die Blanc de Noirs liegen geschmacklich zwischen den beiden Typen.

Grundsätzlich wird Schaumwein erst dann auf den Markt gebracht, wenn er trinkreif ist. Von der Lagerung profitieren nur sehr, sehr wenige und extrem teure Gewächse. Schaumwein sollte immer stehend gelagert werden, sonst kann es schnell zu Korkschmeckern kommen.

INFO-KASTEN

Weintyp:
Schaumwein

Aussehen:
Von strohgelb bis lachsfarben (Rosé-Schaumwein)

Duft:
Neben den Fruchtkomponenten finden sich hefige Aromen, die an Brot oder Gebäck erinnern

Geschmack:
Von trocken bis süß; erfrischend und spritzig

Preiskategorie:
5–30 Euro

Gut gekühlt ist Schaumwein ein einzigartiger Genuss.

Dom Perignon

Dom Perignon ist wohl einer der bekanntesten Mönche Frankreichs. Aber seinen Ruhm verdankt er einer Geschichtsfälschung. Der Benediktinermönch, welcher mit Vornamen Pierre hieß, wird als Erfinder des Champagners angesehen. Allerdings hat den Champagner niemand erfunden, wie beispielsweise den Otto-Motor oder die Glühbirne. Die Weinbereitungsmethode für den Champagner entstand an vielen Stellen zur gleichen Zeit – allerdings erst, nachdem der gute Mönch längst tot war. Trotzdem ist seine Berühmtheit nicht unberechtigt, wenngleich aus anderen Gründen. Dom Perignon lebte von 1639 bis 1715. In der Abtei von Hautvillers nördlich von Epernay war er als Schatz- und Kellermeister tätig. Der Qualitätsfanatiker führte viele Praktiken ein, die noch heute im Weinbau ihren Platz haben. Unter anderem forcierte er die Verwendung des Naturkorkens und erfand die Cuvée, also die Kombination verschiedener Weine zu einem einzigen. Sie war später Grundlage für den Champagner, wie wir ihn kennen. Die Abtei von Hautvillers gehört heute zum berühmten Champagnerhaus Moët et Chandon. Deren teuerster – um 80 Euro – und legendärster Champagner heißt Dom Perignon. Er ist zu einem flüssigen Denkmal für das ganze Gebiet geworden.

Statue des Benediktinermönchs Dom Perignon (1639–1715)

1 Der Schwarz-„Riesling" ist gar keiner!

2 Die Viura liebt heiße Temperaturen.

3 Stets jung zu trinken: Prosecco.

Drei typische Rebsorten für „Schaumwein"

Pinot Meunier

Auf französisch klingt diese rote Rebsorte gleich viel besser als auf Deutsch, oder? Im Vergleich mit den Namen Schwarzriesling und Müllerrebe? Der französische Name stammt von der weißlichen Färbung der Blattunterseite, die aussieht, als sei sie mit Mehl (Meunier bedeutet Müller) bestäubt. In Württemberg, wo rund 90 % der deutschen Reben dieser Sorte stehen, wird sie unter dem irreführenden Namen Schwarzriesling vertrieben – obwohl sie mit dem Riesling überhaupt nichts zu tun hat. Rein faktisch handelt es sich beim Pinot Meunier um eine rote Variante der Pinot-Familie, die weit ergiebiger, aber auch weit weniger gut ist als der große Bruder Pinot Noir. In Frankreich trifft man die Rebe vor allem an der Loire und in der Champagne an. In letzterer Region wird sie zusammen mit Pinot Noir und Chardonnay zum berühmtesten Schaumwein der Welt – dem Champagner – vermählt.

Ihr Duft erinnert an Äpfel, schwarze Kirschen, eingemachte Beeren, eingelegte Pflaumen oder Rumfrüchte.

Viura/Macabeo

Diese katalanische Weißweinsorte ist heute vor allem im Penedés zu finden. Zusammen mit Parellada und Xarel-lo bildet sie dort die heilige Dreifaltigkeit des unnachahmlichen Schaumweins Cava. Aber auch in Rioja und Navarra, wo sie unter dem Namen Viura bekannt ist, spielt sie die erste Geige in der weißen Rebsortenstatistik. Zudem hat sie an der ganzen Mittelmeerküste vom Ebro bis zur Rhône Bedeutung. Sie ergibt leichte, fruchtig-duftige Weine, mit floralem Charakter und relativ schwacher Säure. Ursprünglich stammt die Rebsorte aus dem Nahen Osten. Weil sie – vermutlich wegen ihrer Abstammung – sehr gut Hitze verträgt, wird sie auch in Nordafrika häufig angebaut.

Der Duft enthält viele Blumenaromen.

Prosecco

Ja, Sie haben richtig gelesen, Prosecco ist eine Rebsorte und kein Weintyp. Oftmals wird vermutet, dass Prosecco schäumende Weine aus Italien bezeichnet. In Wirklichkeit steht dieser Name jedoch für die weiße Traubensorte, aus der Perl- und Schaumweine hergestellt werden. Allerdings werden aus dieser auch so genannte Stillweine produziert – also ganz „normale" Weine. Die Prosecco-Traube ist vor allem in der Region Friaul in Nordostitalien heimisch. Prosecco sollte jung getrunken werden. Egal ob schäumend oder still, er ist leicht, aber doch charaktervoll, frisch mit angenehm bitterem Nachgeschmack.

Der Duft erinnert an Zitronenblüten oder Litschies.

Drei typische Anbaugebiete für „Schaumwein"

Champagne

„Ich trinke Sterne!", soll der Benediktinermönch Dom Perignon, einer der Pioniere des Champagners, einst gesagt haben, und viele Champagner-Genießer mögen Ähnliches denken, wenn sie den prickelnden Wein aus dem Norden Frankreichs vom Glas in den Mund befördert haben. Der Champagner darf nur im Gebiet der Champagne hergestellt werden und aus drei Rebsorten bestehen: Chardonnay, Pinot Meunier, Pinot Noir. Ferner muss er nach einem besonderen Verfahren, der Flaschengärung, hergestellt werden, bei welcher der Wein in der Champagnerflasche auch die zweite Gärung durchmacht, durch die das prickelnde Kohlendioxid überhaupt erst in den guten Tropfen kommt. Nach dieser Methode werden heute alle hochklassigen Schaumweine weltweit produziert.

Champagner kommen zumeist als Jahrgangsverschnitt (erzeugt aus Weinen verschiedener Jahrgänge) auf den Markt. Das können Sie daran erkennen, dass kein Jahrgang auf der Flasche vermerkt ist. Seltener findet sich der Jahrgangschampagner, der Millésimé, und noch seltener das Cuvée de prestige, das Spitzenprodukt der Champagnerhäuser.

Penedés

Eigentlich hat der Cava – der berühmte spanische Schaumwein – keine Heimat. Cava darf sich – ähnlich dem Sekt in Deutschland – jeder Schaumwein nennen, der in Spanien erzeugt wird. Es gibt zwar ein kleines Anbaugebiet in Katalonien, das ebenfalls den Namen Cava trägt, produziert werden die Schaumweine jedoch auch in vielen anderen katalonischen Regionen. Das bekannteste davon ist Penedés. Da dieses Gebiet im Nordosten Spaniens liegt, ganz in der Nähe von Barcelona, gab es selten Probleme mit dem Absatz der Weine. Im Penedés werden aber nicht nur Cavas produziert, sondern auch exzellente Rotweine. Wie die aus dem Hause Miguel Torres, einem der großen spanischen Weinbaupioniere. Er führte als einer der ersten im Land moderne vinologische Verfahren ein, wodurch die Qualität seiner Weine sprunghaft anstieg. Andere folgten seinem Beispiel. Noch heute ist Penedés sehr dynamisch und immer am Puls der Zeit. Cava bedeutet übersetzt übrigens unterirdische Kellerei. Bevor dieser Begriff 1970 offiziell eingeführt wurde, hießen die spanischen Schaumweine Champana.

Veneto

Zwischen Alpen und Gardasee erstreckt sich die seit Jahrhunderten bedeutendste Weinregion Norditaliens, das Veneto. Ihr Zentrum ist das Ziel unzähliger Hochzeitsreisen – Venedig. Übrigens ist die Stadt auch ein Zentrum der Glasherstellung, was sich ideal mit der Weinproduktion ergänzt. Neben vielen anderen Weinen, wie z. B. dem Amarone oder dem Soave, ist das Gebiet für ein ganz besonderes Produkt berühmt: den Prosecco. Obwohl es den Wein aus dieser Rebsorte auch nicht-sprudelnd gibt, sind seine schäumenden Varianten weitaus berühmter: der Frizzante (Perlwein) und der ähnlich einem Champagner hergestellte und stärker als sein kleiner Bruder schäumende Spumante (Schaumwein). Besonders berühmt ist der Prosecco di Conegliano Valdobbiadene, der am Fluß Piave hergestellt wird. Bekannt geworden ist er wegen seiner angenehm bitteren Note.

Der zweite berühmte Bereich Italiens für Schaumweinherstellung liegt in der Lombardei, in Franciacorta. Die dort erzeugten Spumantes werden im Gegensatz zum Prosecco aus den typischen Champagner-Rebsorten produziert.

Ohne Frage die Nummer 1 in Sachen Schaumwein: die Champagne.

Im Penedés schlägt das Herz des spanischen Cava.

Im Zentrum des Veneto, Italiens Schaumwein-Vorzeigeregion, liegt Venedig.

Mango-Orangen-Mousse

Für 4 Personen
Zubereitungszeit: 40 Min.
Kühlzeit: 2 Std.

150 g Mango
75 ml Orangensaft mit Fruchtfleisch
4 Blatt helle Gelatine
2 Eier
50 g Zucker
75 g süße Sahne
4 Scheiben Orange
8 Blättchen Zitronenmelisse

1. Die Mango schälen und den Kern entfernen. Das Fruchtfleisch klein schneiden, zusammen mit dem Orangensaft in eine Schüssel geben und mit einem Mixstab fein pürieren. Die Gelatine in Wasser einweichen und quellen lassen.

2. Die Eier sorgfältig trennen und Eigelb und Eiweiß getrennt voneinander in zwei Schüsseln geben. Die Eiweiße bis zur Verwendung in den Kühlschrank stellen.

3. Die Eigelbe mit einem Handmixer schaumig schlagen, unter Rühren den Zucker zugeben und das Ganze zu einer lockeren Creme aufschlagen. Das Mango-Orangen-Püree untermischen.

4. Die Gelatine ausdrücken und im heißen Wasserbad auflösen. Etwas Eigelb-Frucht-Masse unter die Gelatine rühren, diese Mischung zügig unter die restliche Masse heben. Die Creme 30 Minuten kühlen.

5. Sobald die Creme anfängt anzudicken, die Eiweiße steif schlagen und mit einem Schneebesen gleichmäßig unterziehen. Die Creme wieder in den Kühlschrank stellen. Die Sahne steif schlagen und unterrühren. Die Mousse auf vier Dessertgläser verteilen und im Kühlschrank in etwa $1^1/_2$ Stunden fest werden lassen.

6. Die fertige Mango-Orangen-Mousse mit jeweils einer Orangenscheibe und zwei Melisseblättchen garnieren und kühl servieren.

INFO-KASTEN

Schaumweine

Passen zu: Fruchtsorbets, Fischgerichten, Meeresfrüchten (Kaviar!), Oliven.
Temperatur: 4–6 °C . Exklusiver Champagner etwas wärmer (10–12 °C).

Wein und Speisen

„Schaumwein zum Essen? Das kann doch nicht gut gehen?!" Warum ist dies die normale Reaktion, wenn ein mutiger Gastgeber Schaumwein zu einer Speise kredenzt? Vor allem ist es eine Frage der Gewohnheit. Schaumwein ist der klassische Aperitif. Seine Kohlensäure erfrischt und macht Appetit, stilvoll wird zugleich das Mahl eingeläutet. Anders kennen es die meisten nicht. In Frankreich dagegen wird Schaumwein, hier natürlich das Nationalheiligtum Champagner, häufig zum Dessert gereicht. Auch dies ist Tradition und genauso unsinnig wie unsere deutsche, diesen Weintyp nicht zum Essen zu servieren. Bei Desserts macht Schaumwein nur zu Fruchtsorbets, zum Beispiel Zitrone oder Orange sowie anderen auf Obst basierenden Speisen wie Tartes Sinn. Aber in diesem Fall muss es unbedingt ein süßer Schaumwein sein, also mindestens „trocken", besser aber „halbtrocken"! Ansonsten wirkt der Schaumwein nur säuerlich und übermäßig bitter.

Bei allen anderen Schaumwein-Speise-Kombinationen sollten Sie dagegen auf trockene Gewächse zurückgreifen, also „Brut" oder „Extra Brut". Grundsätzlich können Sie die Schaumweine ähnlich wie leichte trockene Weißweine kombinieren, nämlich mit Fischgerichten oder Speisen mit Meeresfrüchten. Champagner und Kaviar ist eine klassische und – wie manche Kenner meinen – von Gott gegebene Kombination. Falls Sie den Schaumwein als Aperitif kredenzen wollen, aber etwas Abwechslung in diese Tradition bringen möchten, können Sie dazu Oliven reichen. Ein sehr interessantes und faszinierendes Geschmackserlebnis erwartet Sie!

Schaumwein

Unser Proben-Wein:

Name: Schloss Munzingen Baden Sekt Brut

Herkunft: Baden (Deutschland)

Rebsorten: Cuvée verschiedener Rebsorten

Preis: Um 5 Euro

Nase: Sollten Sie Kinder haben: Ihre jüngste Tochter wird Gummibärchen riechen, ihr Teenager-Sohn „Red Bull" – und beide hätten sie Recht. Das Bukett dieses Weines ist angenehm süß und sehr nach grünem Apfel duftend. Wenn ein Wein nach Süßigkeiten riecht, muss dies nicht immer etwas Negatives bedeuten!

Geschmack: Der Sekt überrascht im Mund, denn es gibt kaum Fruchtnoten, sondern vor allem Karamell und Röstaromen. Das Mousse ist angenehm lebendig. Im gelungenen Abgang findet sich ein bisschen Süße, vermählt mit schön frischer Säure. Feines, schmelziges Bukett.

Gesamturteil: Dieser Schaumwein bietet alles, was man in seiner Preisklasse erwartet: ein klares Fruchtaroma im Bukett und im Mund sehr ausgewogen. Er hat nicht zuviel Säure, ist aber dennoch erfrischend. Ein wirklich gelungener Schaumwein!

Auch gut:

Name: Martini Prosecco Vino Frizzante

Herkunft: Italien

Rebsorten: Prosecco

Preis: Um 4–5 Euro

Nase: Ein verhaltener Italiener sprudelt da im Glas. Einen Strauß Blumen versteckt er hinter dem Rücken, aber wir können ihn trotzdem ein wenig riechen. Süße Blüten sind es und jemand hat wohl noch Zitronengras hineingeflochten.

Geschmack: Er erinnert an einen kristallklar-frischen Apfel. Der Prosecco ist sehr süß, aber wenn er kühl genug serviert wird, macht gerade dies den Wein charmant. Mousse gibt es wenig – es handelt sich ja auch um einen Vino Frizzante (dieser hat weniger Kohlensäure als ein Spumante) – aber es gibt eine angenehme Weichheit. Der Schaumwein bleibt nicht lange, sein Abgang ist relativ kurz.

Gesamturteil: Für alle, die schlechte Erfahrungen mit Prosecco gemacht haben: Dieser Wein schmeckt kein bisschen bitter oder leblos, er ist ein Party-Wein par excellence. Auch für Gäste, die normalerweise nichts Schäumendes trinken.

Das Öffnen einer Schaumweinflasche

Schaumwein ist etwas für die festlichen Momente im Leben – und bei denen will man sich natürlich nicht blamieren. Doch die Flasche mit dem prickelnden Nass macht es einem nicht einfach. Schon mancher hat versehentlich die Ming-Vase der Erbtante zerschossen oder für das eine oder andere blaue Auge gesorgt. All das muss nicht sein. Wer die grundlegenden Regeln berücksichtigt, wird nur Applaus im Kreis seiner Gäste ernten. Hier fünf Tipps für ein verletzungsfreies und erfolgreiches Öffnen der Flasche:

1. Entfernen Sie die Schutzfolie von der Flaschenspitze. Zumeist ist eine Perforation eingestanzt, bis zu der man die Kapsel abziehen kann. Teilweise erleichtert auch ein kleines Metallbändchen die Arbeit. Halten Sie – wann immer möglich – während des Öffnens den Daumen auf dem Korken. Dies geht zwar nicht ständig, aber doch die meiste Zeit.

3. Nun wird nicht der Korken gedreht, sondern die Flasche! Halten Sie mit einer Hand den Korken fest und drehen Sie mit der anderen langsam die Flasche. Wenn der Korken sehr festsitzt, nehmen Sie ein Stofftuch oder eine Serviette zu Hilfe.

4. Sie werden merken, wenn sich der Korken löst und in Ihre Hand drückt. Halten Sie dagegen, bis Sie die Flasche an das erste Glas geführt haben, dann lassen Sie los – den Korken in die Hand „schießen" – und ein sanftes „Plopp" wird Ihnen verraten, dass Sie alles richtig gemacht haben!

5. Generell gilt: Übersprudelnde Schaumweinflaschen mögen etwas hermachen, dem Inhalt tut das aber gar nicht gut. Behandeln Sie die Schaumwein-Flasche also sowohl vor dem Öffnen als auch währenddessen wie ein Neugeborenes – sehr vorsichtig! Sie sollten sie möglichst nicht schütteln oder hart aufsetzen, damit wenig Kohlensäure aktiviert wird. Schenken Sie außerdem in zwei Durchgängen ein: Zuerst nur wenig in die Gläser füllen, damit der Schaum sich legen kann, und erst im zweiten Durchgang bis zum gewünschten Punkt einfüllen.

2. An einer Stelle des Drahtgestells sind
zu einem kleinen Bügel verdrahtet. Richt
drehen Sie ihn vorsichtig auf. Lockern Si
ziehen Sie es ab.

n Seiten miteinander
esen nach außen und
s Drahtgestell und

Champagner als Liebeselixier

Einer der Gründe für den weltweiten Erfolg von Champagner ist sein Ruf als Aphrodisiakum. Die berühmte Champagnerlaune ist es, die viele sich für amouröse Stunden wünschen. Bereits in seinen Kindertagen hatte der Champagner seinen Ruf weg: Am Hofe des für seine Leichtlebigkeit berühmten Herzogs von Orléans war er bereits im 18. Jahrhundert Modegetränk. Auch Casanova war ihm sehr zugetan und Madame Pompadour ließ sich ebenfalls von ihm inspirieren.

Was ist so Besonderes an Champagner und anderen Schaumweinen? Zum einen ist Alkohol ein mildes Aphrodisiakum. Zum anderen fördern die Luftbläschen einen schnelleren Übergang des Alkohols ins Blut – die „prickelnde" Stimmung. Aber Obacht: Alkohol wirkt in kleinen Mengen als erotisches Stimulans, in größeren Mengen ist die Wirkung gegenteilig: Viel macht schlapp. Ein wenig Alkohol hingegen regt die Durchblutung an, entspannt, baut Aufregung und Nervosität ab. Ein, zwei Gläschen pro Person, zusammen mit Austern, da steht einem schönen Abend – oder Frühstück – zu Zweit nichts im Wege.

BARON PHILIPPE DE ROTHSCHILD
MOUTON CADET
MOUTON CADET
Medinet

III. Als Weinkenner im Alltag

Zehn Gläser sind geleert, neun Weinwelten über die Zunge geflossen. Jetzt, wo Sie wissen, welcher Weintyp Ihnen behagt, bei welchem Sie weiterforschen wollen, welche Geschmackserlebnisse Ihnen noch bevorstehen können, drängt sich die Frage auf: Wo können Sie Ihrer neuen Leidenschaft nachgehen? Anders ausgedrückt, wo finden Sie einen vertrauenswürdigen Händler, der Sie regelmäßig mit dem besten (Wein-)Stoff versorgt? Zu fairen Preisen versteht sich. Drei Anlaufstellen stehen Ihnen zur Verfügung, die hier näher betrachtet werden sollen. Außerdem werden Stolpersteine im Umgang mit Wein aus dem Weg geräumt: Sie erfahren alles über die richtige Lagerung Ihrer edlen Tropfen, erhalten Tipps zur Weinbestellung im Restaurant und lernen, Weinfehler zu erkennen.

Als Weinkenner beim Einkauf

Im Supermarkt

Dieser Ort ist mit Abstand die praktischste Möglichkeit, seinen Weinbestand konstant zu halten. Im Supermarkt ist man ohnehin regelmäßig, zu den Weinregalen muss man nur einmal links abbiegen und schon lächeln einen die verheißungsvollsten Etiketten an. So unterschiedlich die einzelnen Weinsortimente der Supermärkte auch sein mögen, an einige Grundsätze müssen sich alle halten: Den Wein muss es ohne Engpässe übers Jahr hinweg in ausreichender Menge geben. Ausreichende Menge heißt so viele Flaschen, dass damit sämtliche Filialen beliefert werden können. Die Weine sollten keine Jahrgangsschwankungen aufweisen, sondern im Geschmack stets wiedererkennbar sein. Der Kunde soll sich auf die Marke verlassen können. Deshalb finden sich im Supermarkt fast ausschließlich Weine von industriell arbeitenden Betrieben. Dies ist nicht unbedingt negativ zu sehen. Bei keinem anderen Wein weiß man so genau, was man hat und das über Jahre hinweg. Die Weine entsprechen zumeist dem gerade angesagten Geschmack, denn sie werden kreiert, um möglichst vielen Käufern zu munden. Individueller Charakter, schmeckbare Bodenaromen, Jahrgangsunterschiede, mit einem Wort eine ausgeprägte Persönlichkeit ist bei ihnen jedoch nicht auszumachen. Preislich liegen sie nicht – wie häufig angenommen wird – niedriger als vergleichbare Produkte kleinerer Betriebe. Im kundigen Fachhandel wird man Ihnen mit Sicherheit einen gleichwertigen Wein im selben Preisbereich anbieten können. Allerdings kann es Ihnen dort passieren, dass es den Wein, den Sie so lieb gewonnen haben, plötzlich nicht mehr gibt oder dass der neue Jahrgang anders schmeckt.

Ein großer Nachteil der Supermarktweine ist allerdings ihre Lagerung. Weine können Licht und Erschütterungen nicht leiden, sie altern dann vorschnell, verlieren an Farbe und Geschmack. Deshalb sollten Sie niemals die Ladenhüter nehmen, die schon seit geraumer Zeit diesen Konditionen ausgesetzt sind. Wählen Sie immer den jüngsten Jahrgang! Setzt eine Weinflasche im Supermarkt Staub an, sollten Sie sich die Finger nicht schmutzig machen. Und nehmen Sie niemals einen der ganz oben im Regal stehenden Weine, egal wie verlockend Preis oder Etikett sind. Diese Weine sind dem Neonlicht am schutzlosesten ausgesetzt und ihnen ergeht es wie den Sonnenanbetern, die auf der Sonnenbank einschlafen …

„O'zapft is!" Wein aus dem Fass wird immer beliebter. Qualitativ sind dies jedoch eher einfache Tropfen.

Aber selbst wenn Sie einen guten Händler gefunden haben, schauen Sie sich weiter um. Kein Händler hat alle interessanten Weine, jeder hat andere Vorlieben. In letzter Zeit finden sich immer mehr Weinhändler im Internet. Der größte Vorteil des Fachhandels – die persönliche Beratung – fällt dabei weg. Deshalb ist diese Art des Weineinkaufs nur denjenigen zu raten, die schon genau wissen, was sie wollen. Alle anderen sollten bei Interesse an dieser Einkaufsart auf jeden Fall die Versender testen, indem Sie eines der oftmals angebotenen Probepakete bestellen.

Beim Winzer

Nirgendwo wird die Bedeutung von Wein als Kulturgut so deutlich wie beim Winzer vor Ort. Hier sieht man, wo der Wein wächst, wie er und vor allem von wem er gemacht wird. Nichts bringt einem dem Verständnis eines Weins so nahe wie ein Besuch beim Winzer. Der nachfolgende Genuss erhöht sich dadurch um ein Vielfaches, denn jetzt trinkt man nicht mehr nur einen Wein, sondern eine ganze Geschichte. Von niemandem können Sie so viel über die Historie, also die Entstehung eines Weins erfahren wie vom Winzer selbst. Er kann Ihnen detailliert über die Reifeperiode erzählen, darüber, wieso er den Wein gerade auf eine bestimmte Art hergestellt hat. Er kann Ihnen wie kein Zweiter die Aromen des Weins erläutern und erklären, woher sie stammen: von der Rebsorte, vom Boden oder aus dem Keller. Manche Winzer sind mit der Zeit zu wahren Entertainern geworden!

Natürlich ist die Auswahl beim Winzer eingeschränkter als im Supermarkt und im Fachhandel – dafür ist die Beratung aber unschlagbar. Die meisten Betriebe, sowohl im In- wie im Ausland, bieten die Möglichkeit zu Weinproben, eine vorherige telefonische Anmeldung ist zum Teil obligatorisch und immer ratsam.

Für einige Weinfreunde ist es ein Problem, wenn sie bei einem Winzer einkaufen wollen und kein Wein ihnen richtig gefällt. Der Winzer hat sich Zeit genommen, seine Schätze, auf die er zu Recht oder Unrecht Stolz ist, präsentiert und man fühlt sich verpflichtet, etwas zu kaufen. Keine einzige Flasche zu erstehen, wäre in der Tat unhöflich. Wenn Sie sich jedoch nicht sicher über einen oder mehrere Weine sind, ist es kein Problem, Probeflaschen zu kaufen und diese daheim mit dem Lieblingswein zu vergleichen. Jeder Winzer versteht dies, denn er weiß, dass ein Wein zu Hause ganz anders schmeckt.

Ein Hinweis noch zu den edelsüßen Weinen: Diese sind in Deutschland des Winzers ganzer Stolz und dementsprechend teuer. Wenn Sie den Winzer auffordern, diese zur Verkostung zu öffnen, sollten Sie ein echtes Kaufinteresse haben. Ansonsten ist es schade um die edlen Tropfen, denn sind die Flaschen einmal offen, müssen sie bald getrunken werden. Höflich dagegen ist es zu fragen, ob gerade einer der edelsüßen Weine offen ist und Sie diesen probieren könnten. Auf diese Art entsteht für Sie kein Kaufzwang.

Bei Winzern, die Geld für eine Probe verlangen, sollten Sie nicht einkehren. Spitzenerzeuger verhalten sich so nicht. Diese wissen, dass ihre Erzeugnisse stark genug sind, um nach Verkostungen auch gekauft zu werden. Ein wichtiger Tipp am Rande: Lassen Sie sich immer in die Kundenkartei eintragen, und bitten Sie den Winzer, Ihnen regelmäßig die neuen Preislisten zuzusenden. Auf diese Art und Weise bleiben Sie stets auf dem Laufenden.

Im Fachhandel

Wenn Sie einen guten Fachhändler gefunden haben, halten Sie ihn fest! Sie haben es mit einem seltenen Exemplar zu tun. Grundsätzlich gibt es zweierlei Weinfachhändler. Die einen könnten auch genauso gut Schuhe oder Badezimmervorleger verkaufen, die anderen sind aus Leidenschaft dabei. Einen guten Weinverkäufer erkennen Sie daran, dass er Ihnen nicht nach dem Mund redet, sondern eine eigene Meinung hat, ein Lieblingsgebiet. Dieses werden Sie im Programm schnell erkennen: Spanien-Afficionado, Italien-Anhänger oder Frankreich-Jünger. Der ideale Weinhändler ist das vierblättrige Kleeblatt in der Weinlandschaft. Er führt Sie vorsichtig an neue Weine und neue Weinbaugegenden heran, lässt Ihre Geschmacksnerven wie ein Gärtner mit jedem Tropfen wachsen, erweitert Ihren Horizont, ohne jemals oberlehrerhaft oder überheblich zu sein. Wenn Sie einen Weinfachhändler testen wollen, geben Sie ihm einmal freie Hand. Er soll Ihnen für 25 Euro ein paar Weine zusammenstellen, von zwei bis sechs Flaschen. Jetzt ist er gefordert! Ein kluger Händler wird Sie nach Ihren Vorlieben fragen und ein preislich gemischtes Sortiment packen, denn der Wein für jeden Tag ist ebenso wichtig – wenn nicht sogar wichtiger – wie der, den Sie servieren, wenn der Chef zu Besuch kommt.

Als Weinkenner im eigenen Flaschenkeller

Ein Weinkeller ist der Traum eines jeden Weingenießers, doch nur die wenigsten können einen solchen ihr Eigen nennen. Die Gründe dafür sind einfach: kein Keller, kein Platz im Keller oder nicht die richtigen Voraussetzungen. Denn für den perfekten Weinkeller muss Folgendes gewährleistet sein:

1. Die Flaschen müssen vor Lichteinfall geschützt sein
Weine sind wie Diven, und Diven wollen möglichst lange jugendlich-frisch erscheinen. Licht lässt sie schneller altern, deshalb gilt: je dunkler, desto besser.

2. Der Keller sollte erschütterungsfrei sein
Unruhe in Form von Erschütterungen können unsere flüssigen Diven gar nicht leiden, das bringt die sensiblen Geschöpfe durcheinander. Wohnen Sie also direkt neben einer Bahnlinie oder einem Autobahnkreuz, achten Sie darauf, dass Ihre Weine durch „Stoßdämpfer" vom Boden abgetrennt sind. Eine preiswerte Lösung ist es, die Weinkartons auf mittig durchgeschnittene Tennisbälle zu setzen. Diese schlucken alle Erschütterungen.

3. Der Keller sollte feucht genug sein
Feucht genug bedeutet so feucht, dass die Korken nicht austrocknen und dadurch schrumpfen. Denn die Folge wäre, dass die Flasche undicht wird. Ideal sind 75 % Luftfeuchtigkeit. Mehr geht auch, allerdings schimmeln dann Ihre Etiketten vor sich hin und Ihr Keller riecht so modrig wie eine Tropfsteinhöhle. Schlecht für Ihre Weine sind weniger als 60 % Luftfeuchtigkeit. Doch wie erfahren Sie, wie feucht Ihr Keller ist? Kaufen Sie sich einfach ein Barometer. Und was machen Sie, wenn Ihr Keller zu trocken ist? Die preiswerteste Lösung ist ein Eimer Wasser, der in den Keller gestellt wird, teurer dagegen ist ein Luftbefeuchter.

4. Der Keller sollte eine konstante Temperatur haben
Die Wein-Diven wünschen sich zwischen 6 und 16 °C. Je niedriger die Temperatur, desto besser. Je höher die Temperatur ist, desto mehr Alkohol verdunstet. Ebenso wichtig für die Weine ist aber auch, dass die Temperaturen übers Jahr hinweg nicht zu viel schwanken. Denn dann dehnt sich der Korken aus oder zieht sich zusammen. Passiert dies nur ein paar Mal, macht der Korken es noch mit, aber mit der Zeit wird er brüchig und porös.

Der ideale Keller, der alle genannten Bedingungen erfüllt, bleibt für die meisten ein Traum. Die Frage ist, wie man den geliebten Wein trotzdem möglichst schonend lagern kann. Zum Glück sind die Wein-Diven heutzutage weitaus weniger launisch als in früherer Zeit. Heute wird in den Kellereien hygienischer gearbeitet, daher nehmen die Weine nicht mehr jeden kleinen Lagerfehler krumm. Bei bis zu zwei Jahren Lagerung sollten Sie sich keine allzu großen Gedanken machen. Als praktisch hat sich erwiesen, die Weine im Karton zu lassen, da er zumindest die Temperatur relativ konstant hält.

Keine Glaubensfrage ist die Entscheidung, ob Wein stehend oder liegend gelagert werden sollte. Jahre-, ja jahrzehntelang galt der Grundsatz, Wein liegend einzukellern, weil auf diese Weise der Korken stets befeuchtet ist und nicht einschrumpft. Wie sich mittlerweile in wissenschaftlichen Studien herausstellte, ist jedoch die stehende Lagerung vorzuziehen. Zum einen hat der Wein keinen Kontakt mit dem Korken – deshalb kommen weniger Korkschmecker vor. Der Korken trocknet auch bei stehenden Flaschen nach längerer Zeit nicht aus, denn die Feuchtigkeit des Weins reicht, um ihn davor zu schützen. Des Weiteren kommt der Wein prozentual mit weniger Sauerstoff in Kontakt als bei der liegenden Aufbewahrung, denn die Oberfläche des Weins, die mit Luft in Verbindung steht, ist geringer. Dadurch altert der Wein langsamer. Allerdings ändern diese Ergebnisse nichts daran, dass in den meisten Haushalten nicht der Platz vorhanden ist, um größere Mengen Wein stehend zu lagern.

Übrigens: Nur die wenigsten Tropfen werden durch Lagerung wirklich besser. Gerade Weißweine sollten im ersten oder zweiten Jahr nach ihrer Ernte getrunken werden – schließlich schätzt man an ihnen die frische, belebende Säure, die mit den Jahren immer mehr in den Hintergrund tritt. Auch die fruchtigen Primäraromen verschwinden, und ob Sie Alterungstöne, wie z. B. Petrol-Aromen beim Riesling, mögen, sollten Sie wissen, bevor Sie Ihre Weinkisten für Jahre verschließen. Viele Rotweine werden zudem heute so erzeugt, dass sie bereits jung schmecken, ja sogar so, dass sie als junger Wein ihren Höhepunkt haben.

Bei einer Lagerung laufen Sie zudem immer Gefahr, den Wein in einem Tief zu öffnen. Weine machen während ihrer Reifung Hoch- und Tiefphasen durch; diese sind bei jedem Tropfen, aus jedem Gebiet, von jedem Erzeuger und auch noch aus jedem Jahrgang sehr unterschiedlich. Wer sich nicht intensiv damit beschäftigt, kann und wird Enttäuschungen erleben. Wenn Ihnen also ein Wein schmeckt, sollten Sie ihn trinken, denn so, wie er sich in diesem Augenblick präsentiert, wird er es nie wieder tun.

Teure Prestigegewächse aus Bordeaux, Burgund oder Piemont brauchen dagegen die Reifung. Würde man sie bereits jung öffnen, käme dies einem „Kindsmord" gleich. Reden Sie darüber mit dem Fachhändler Ihres Vertrauens. Er wird Ihnen sagen können, wann Sie Ihre Schätzchen öffnen sollten.

Ein eigener Flaschenkeller ist der Traum vieler Weinliebhaber.

FRAGILE
IMMERGÉ
Casa Conforto
Chianti
1991
NAHE
WEINGUT LINDENHOF
WINZERMEISTER HERBERT REIMANN

Als Weinkenner im Restaurant

Jetzt ist er da, der Moment der Wahrheit! Der Kellner gibt Ihnen die Weinkarte und alle Augen sind auf Sie gerichtet. Werden Sie die richtige Flasche auswählen? Schließlich kennen Sie sich ja mit Wein aus! Schweißperlen bilden sich auf Ihrer Stirn, der Puls klopft unaufhörlich gegen Ihre Schläfen. Ruhig Blut! Sie werden sich bewähren, mit Hilfe einiger einfacher Grundsätze:

Nicht einschüchtern lassen!
Die meisten Weinkellner (oder Sommeliers) – sofern es solche im Restaurant überhaupt gibt – wissen weniger als Sie vermuten. Häufig wird ein Angestellter, der in einem unbedarften Moment ein vages Interesse an Weinen geäußert hat, dazu verdonnert, sich um die paar staubigen Flaschen im Keller zu kümmern. Das Programm stellt sich dann meist selbst zusammen, indem Vertreter großer Weinhandelsfirmen das Komplettsortiment ausstaffieren, soll heißen: Der Kellner hat auf die Auswahl der Weine keinen Einfluss gehabt. Das Restaurantgeschäft hat jedoch auch mit Show zu tun, deswegen meinen einige Weinkellner den Experten raushängen lassen zu müssen. Deshalb denken Sie immer an oben genannten Grundsatz! Sie wissen vermutlich mehr als der Sommelier. Und die wichtigsten Regeln für die Zusammenstellung von Wein zu Essen sind Ihnen nach den Probekapiteln dieses Buches geläufig. Falls Sie sich jedoch überraschen lassen und in die Hände des Weinkellners begeben wollen, sollten Sie zuerst herausfinden, ob dieser Ihres Vertrauens überhaupt würdig ist.

Testen Sie die Kompetenz anhand des Aperitifs!
Ein guter Test für die Kompetenz des Weinkellners ist, ihm die Wahl des Aperitifs – in fast allen Fällen eines Schaumweins – zu überlassen. Sagt Ihnen dieser nicht zu, sollten Sie dem Weinkellner keinesfalls Ihr Vertrauen schenken, sondern lieber mutig eine eigene Wahl treffen. Ist seine Auswahl dagegen gelungen, begeben Sie sich in seine Hände. Eine Möglichkeit, den Weinkellner teilweise mit in die Auswahl einzubeziehen ist, Weintyp und Region einzuschränken. Beispielsweise: „Wir hätten gerne einen halbtrockenen Riesling aus Deutschland, welchen würden Sie da empfehlen?“ oder „Welche gehaltvollen Rotweine aus Italien würden Sie zum Hauptgang favorisieren?“

Wenn Sie nur einen Wein für alle Gänge (außer dem Dessert) wählen wollen, ist ein Weißer Burgunder/Pinot Blanc zumeist eine sichere Wahl. Diese Rebsorte mit ihrer geringen Säure und geschmeidigen Struktur stört in den seltensten Fällen.

Für den Hauptgang sollten Sie auf die offenen Weine zurückgreifen. Diese werden glasweise ausgeschenkt, sodass Sie für den einen Gang keine ganze Flasche kaufen müssen, die bei vier Personen niemals leer wird. An den offenen Weinen erkennt man die Klasse einer Weinkarte. Es ist leider eine weit verbreitete Unsitte, wenige und dazu noch schlechte offene Weine auf der Karte zu haben. In diesem Fall sollten Sie nach halben Flaschen Ausschau halten.

Nach offenen edelsüßen Weinen fragen!
Versäumen Sie nicht zu fragen, ob es offene edelsüße Weine gibt! Das Dessert wird noch einmal so gut, wenn es den richtigen Begleiter an seiner Seite hat. Überlassen Sie diese etwas knifflige Wahl dem Weinkellner, er sollte wissen, ob beispielsweise Portwein, Sauternes oder aber ein edelsüßer Riesling angebracht ist.

Richten Sie sich bei der Weinwahl nach der regionalen Ausrichtung der Küche!
Ein Grundsatz, den man bei der Weinauswahl stets im Hinterkopf haben sollte, ist, dass sich Weine und Gerichte eines Landes teilweise über Jahrhunderte aneinander angepasst haben. Auch wenn kulinarische Moden einem steten Wandel unterliegen, sind die heimischen Weine doch stets ein wichtiger Bezugspunkt. Wenn Sie also beispielsweise französisch speisen, ist ein französischer Wein die nahe liegende Wahl.

Wenn Sie in Rom sind, machen Sie es wie die Römer!
Sind Sie dagegen in einem Restaurant, das sich in einem Weinanbaugebiet befindet, sollten Sie auf die Weine dieser Region zurückgreifen. In den meisten Fällen sind diese Tropfen am kundigsten ausgewählt und die Küche ist darauf ausgerichtet.

Egal in welchem Ambiente: Behalten Sie bei der Wahl des Weins die Nerven und vertrauen Sie Ihrem Geschmack.

Nicht kleckern, aber auch nicht klotzen!

Besonders teure Weine im Restaurant zu bestellen, sollten Sie nur dann in Betracht ziehen, wenn Ihr Lottogewinn gerade eingetroffen ist oder wenn Sie es für dringend nötig ansehen, Ihr Gegenüber aromatisch zu beeindrucken. Teure Weine sind, nun, zu teuer. Meist kosten sie das Drei- bis Fünffache des Ladenpreises, was bei einer Flasche für 50 Euro schon eine beträchtliche Stange Geld ist, für die Sie doch so viele schöne andere Weine hätten kaufen und zu Hause genießen können. Wählen Sie also lieber im unteren oder mittleren Preissegment aus. In einem guten Restaurant sollten sich auch hier adäquate Weine finden lassen.

Lassen Sie sich Weinfehler nicht gefallen!

Die ausgewählte Weinflasche wird Ihnen gezeigt, damit Sie sich davon überzeugen können, dass es sich tatsächlich um den georderten Wein handelt. Achten Sie vor allem auf den Jahrgang! Der erste Ihnen eingeschenkte Schluck dient dazu, dass Sie prüfen können, ob der Wein einen Fehler aufweist oder die falsche Temperatur hat. Nicht aber, ob der Wein Ihnen schmeckt oder nicht. Dieses Risiko sind Sie bei der Auswahl eingegangen. Können Sie keinen Fehler im Bukett des Weins erkennen, reicht ein Nicken und der Kellner wird mit dem Einschenken des Weins beginnen. Ein Probieren des Weins ist nur nötig, wenn Sie nach dem Erschnüffeln des Buketts nicht sicher sind, ob der Wein fehlerfrei ist. Hat er einen Fehler – zurück damit! Und lassen Sie sich nicht einreden, der Wein müsse so schmecken. Vertrauen Sie Ihrem Geschmack!

Weinkarte

Aperitif [*1]

Sekt **„Hausmarke"** .... 8,50 €
Taittinger Champagner .... 10,00 €

Deutsche Weine

2000	**Oberbergener Vulkanfelsen** Weißburgunder QbA. trocken Weingut Franz Keller (Baden)	0,75l	21,00 € [*2]
1998	**Dornfelder** QbA. trocken Weingut Lergenmüller (Pfalz):	0,75l	18,50 €
1999	**Niederhäuser Hermannsberg** Riesling Spätlese fruchtsüß Weingut Dönnhoff (Nahe)	0,75l	48,00 €
1999	Riesling **Mosel-Saar-Ruwer**	0,75l	17,00 € [*3]
1997	**„Grand Duc Select"** Spätburgunder Auslese trocken Deutzerhof (Ahr)	0,75l	53,00 €

Weine aus aller Welt

1999	**Chardonnay** Domaine la Louviere (Provence)	0,75l	16,50 €
2000	**Long Flat White** Tyrell's Vineyards (Hunter Valley/Australien)	0,75l	19,00 €
1996/97	**Crianza** Pago de Carraovejas (Ribera del Duero/Spanien)	0,75l	34,00 € [*4]
1990	**Mouton-Rothschild** Premier Cru Classé (Pauillac/Bordeaux)	0,375l	223,00 € [*5]
1992	**Canon La Gaffelière** Grand Cru Classé (St. Emilion/Bordeaux)	0,75l	180,00 € [*6]

Offene Weine [*7]

2000	**Silvaner** QbA. trocken Weingut Keller (Rheinhessen)	6,00 €
1999	**Norton Malbec** (Argentinien)	6,50 €
1998	**Riesling Trockenbeerenauslese** edelsüß Weingut Horst Sauer (Franken)	12,00 € [*8]

Anmerkungen zur Weinkarte:

*1 Testen Sie die Kompetenz des Hauses, indem Sie die Hausmarke bestellen. Ist diese gut gewählt, begeben Sie sich vertrauensvoll in die Hände des Sommeliers.

*2 Weißburgunder und auch Chardonnays sind meist eine sehr sichere Wahl, falls Sie nur einen einzigen Wein zur Speisenfolge (außer dem Dessert natürlich) bestellen möchten.

*3 Wer so spärlich mit Informationen umgeht, dem sind die Weine auf seiner Karte ziemlich egal. Hier fehlen: Erzeuger, Lage und Geschmacksrichtung. Vielleicht sollten Sie in diesem Etablissement lieber auf Wein verzichten. Grundsätzlich gilt: Je mehr Informationen, desto besser.

*4 Achten Sie immer auf den Jahrgang, dieser ist mitnichten belanglos! Erkundigen Sie sich beim Weinkellner, welcher der bessere ist. Wenn Sie spritzige Weißweine mögen, greifen Sie bei diesen immer zum jüngeren Jahrgang. In unserem Beispiel ist der 96er beispielsweise ein fabelhafter Jahrgang in Ribera del Duero, während der 97er einen der schwächsten des vergangenen Jahrzehnts darstellt. Die Unterschiede sind gewaltig.

*5 Bei halben Flaschen müssen Sie zweierlei beachten. Erstens: Der Wein in ihnen altert schneller als in größeren Flaschen. Zweitens: Halbe Flaschen sind eine gute Möglichkeit, sich einen teuren Wein zu leisten – zum halben Preis!

*6 Ältere Jahrgänge bedeuten mitnichten immer Qualität. Der 92er war im Bordeaux sehr schwach, und der Wein in unserem Beispiel ist überteuert. Nicht immer ist der teurere Wein auch der bessere!

*7 Kurze Listen von offenen Weine weisen meist darauf hin, dass sich mit diesen Tropfen, die glasweise ausgeschenkt werden, nicht viel Mühe gegeben wird. Finden sich dort jedoch viele Posten, sollten Sie sich ruhig bezüglich eines solchen Weines beraten lassen. Auf diese Art können Sie auf jeden Gang den richtigen Wein abstimmen – auch wenn Sie nur zu zweit oder viert sind!

*8 Fragen Sie immer danach, ob sich unter den offenen Weinen auch edelsüße befinden – selbst wenn diese nicht wie hier auf der Karte stehen. Zum Dessert genossen, können diese Tropfen einen wahrhaft krönenden Abschluss des Mahls bilden.

Trinksprüche

KLASSISCH

„Trink Wasser wie ein Ochse, Wein jedoch wie ein König!“
Französisches Sprichwort

„Das Leben ist zu kurz, um schlechten Wein zu trinken!“
Sprichwort

„Der Wein ist unter den Getränken das nützlichste, unter den Arzneien die schmackhafteste und unter den Nahrungsmitteln das angenehmste!“
Plutarch

„In Vino veritas!“ (Im Wein ist Wahrheit)
Alkaios

MODERN

„Wir trinken auf die Gesundheit anderer und verderben unsere eigene.“
Jerome K. Jerome

„Es ist mir völlig gleichgültig, wohin das Wasser fließt, so lange es nicht in den Wein läuft.“
Gilbert Keith Chesterton

„Der Mensch lebt nicht vom Brot allein. Nach einer Weile braucht er einen Drink.“
Woody Allen

„Anonym sind wir schon – jetzt werden wir Alkoholiker!“
Ralf Bülow

Als Weinkenner lebt man gesund!

„Es gibt mehr alte Winzer als alte Ärzte."
Sprichwort

Das wunderbarste am Wein, neben seinem sinnlichen Geschmack, seiner kulturellen Geschichte, seiner erheiternden Wirkung, ist, dass uns niemand mit klarem Kopf seinen Genuss verbieten kann. Denn Wein in Maßen ist gesund, fast eine Medizin, ein Allheilmittel, geradezu ein Wundermitttel gegen alle Gebrechen, die auf der Erde ihr Unwesen treiben. Er ist die eierlegende Wollmilchsau der Medizin – dies behauptet zumindest die Weinwirtschaft. In vielen wissenschaftlichen Studien wurde nach Zusammenhängen zwischen Wein und Gesundheit gesucht. Und wer lang genug sucht, der findet bekanntlich auch. Das berühmteste Beispiel ist jenes vom „Französischen Paradoxon". Die Bewohner der Grande Nation essen zwar gerne und viel fettige Kost, rauchen viel, sterben aber trotzdem nicht häufiger an Herzinfarkt als die Bewohner „gesünderer" Staaten. Der Grund liegt angeblich im Wein, weswegen maßvoller Weingenuss als gesünder gilt als strikte Abstinenz.

Was aber ist maßvoller Genuss? Die Experten streiten zwischen ein Glas bis zu einem halben Liter pro Tag. Natürlich ist dies auch immer abhängig vom Alkoholgehalt eines Weins. Ob man einen halbtrockenen Moselaner mit 9 Vol% zu sich nimmt oder einen Kalifornier mit 15 Vol% macht einen beträchtlichen Unterschied. Am weitesten verbreitet ist die Meinung, dass 2–3 0,2 l Gläser Wein für einen Mann und 1–2 0,2 l Gläser für eine Frau problemlos vertretbar sind. Aber auch die körperliche Konstitution – vor allem die Masse – des Weingenießers spielt eine Rolle. Wer allerdings zu viel Wein zu sich nimmt, hat nichts mehr von all den positiven Auswirkungen des Wundermittels, denn dann wird stets das Gegenteil bewirkt.

Hormone

Dies ist ein Punkt, den Sie wahrscheinlich schon einmal am eigenen Leib erfahren „mussten". Bei geringem Konsum wird die Libido vom Wundermittel Wein angeregt. Der im Wein vorhandene Alkohol verstärkt die Produktion von Östrogen und dessen Wirkung. Aber nur bis zu einer gewissen Grenze, danach geht zunehmend weniger bis gar nichts mehr!

Geist und Nerven

Fachlich gesprochen erhöht Alkohol die Konzentration von Serotonin im zentralen Nervensystem. Serotonin ist für so unterschiedliche Dinge wie Gedächtnis, Impulsivität, Appetit, die allgemeine Stimmung und das Lebensgefühl verantwortlich. Depressive weisen häufig einen niedrigen Spiegel der Substanz im Gehirn auf. Konkret ausgedrückt: Alkohol baut Stress ab, steigert das Selbstbewusstsein und das Wohlbefinden. Man entspannt sich und verliert die Unsicherheit. Und wie bereits oben erwähnt wird gleichzeitig die Libido angeregt. Teuflische Kombination …

Außerdem erweitert Wein die Blutgefäße, wodurch mehr Sauerstoff ins Gehirn gelangen kann, was belebt.

Verdauung

Die Südeuropäer wissen schon, warum sie Wein stets zum Essen genießen. Nicht nur, dass bei einer guten Auswahl sowohl Wein wie auch Speise gewinnen, nein, auch der Magen ist bei dieser Kombination auf der Siegerstraße. Die Säure des Weins fördert nämlich die Magensäureproduktion. Zudem desinfiziert Wein in hohem Maße, sogar besser als die Salzsäure im Magensaft. Bakterien, die unter anderem zu Durchfall führen können, werden so auf die wohl humanste Art und Weise „ersäuft". Wein aktiviert außerdem die Bildung eines Hormons, das Bauchspeicheldrüse und Leber zur Produktion von Verdauungssäften im Dünndarm bringt. Ersparen Sie sich die Magentablette nach einem reichlichen Mahl und trinken Sie währenddessen lieber ein Glas Wein.

Nieren

Auch für die Nieren ist das Wundermittel Wein gut: Von allen Getränken verhütet es Nierensteinbildung am effektivsten. Negativ, also als fördernd für die Nierensteinbildung, erwiesen sich dagegen Apfel- und Grapefruitsaft. Vermutet wird, dass Alkohol das Antidiuretin-Hormon hemmt, wodurch die Harnsäurekonzentration sinkt. Allerdings ist nicht eindeutig geklärt, warum Wein bedeutend wirkungsvoller ist als andere Alkoholika, beispielsweise Bier.

Herz

Die positive Wirkung des Wundermittels Wein für das Herz liegt auf der Hand. In den Ländern mit dem höchsten Weinkonsum herrschen die niedrigsten Herzinfarktraten (und die beste Stimmung …). Eine dänische Langzeitstudie ergab: Wer nie Wein trinkt, hat gegenüber täglichen Weintrinkern (2–3 Gläser) ein doppelt erhöhtes Risiko, vorzeitig durch Herzinfarkt zu sterben. Bier ist nur halb so effektiv für den Organismus, Brände erhöhen das Herzinfarktrisiko sogar.

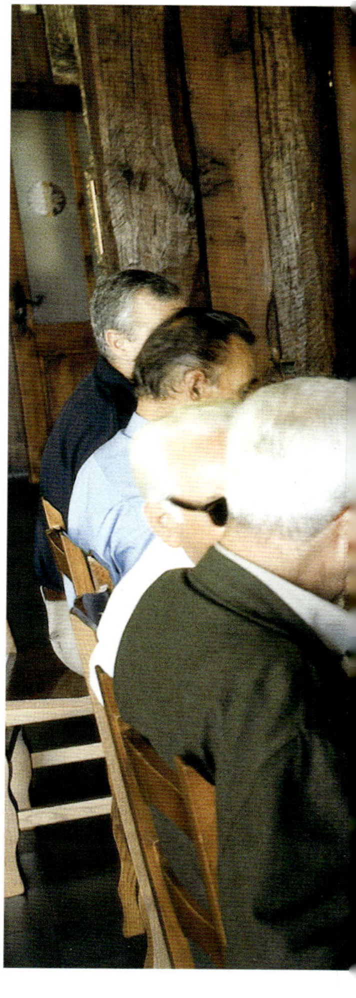

Wein ist gesund – nicht nur wenn man zwischen Rebzeilen hindurchläuft wie beim „Marathon du Mèdoc".

Blut und Kreislauf

Vor allem zwei Ingredienzien von Wein werden beim Blut und beim Kreislauf wirksam: Alkohol und Phenole. Sie heben unter anderem das (gute) HDL-Cholesterin und senken das (schlechte) LDL-Cholesterin. Auch das Risiko einer Arteriosklerose sinkt bei mäßigem Weingenuss, ebenso wie das Thromboserisiko, weil die Gerinnungs- und Fließeigenschaften des Blutes verbessert werden. Bei mäßigem Genuss hilft Alkohol sogar, den Blutdruck zu senken und die Insulinkonzentration im Blut niedrig zu halten. Alkohol und Phenole setzen also an unterschiedlichsten Stellen im Organismus an, um für das menschliche Wohlbefinden zu sorgen.

Krebs

Die antioxidative Wirkung von Phenolen verhindert die Bildung so genannter „Freier Radikale". Diese werden für die Entstehung von Krebs und Herzgefäßerkrankungen verantwortlich gemacht. Der gesamte Alterungsprozess wird zudem auf sie zurückgeführt. Wein macht uns nun zwar nicht jünger – das ist denn doch zu viel vom wohl schmeckenden Wundermittel verlangt –, aber er verzögert diese Prozesse. Die Menge an Phenolen ist in Rot- und Weißwein sehr unterschiedlich. Im Rotwein findet sich im Gegensatz zum Weißwein eine bis zu zehnfach höhere Konzentration, die Weißweinphenole gelten allerdings als effektiver. Der Alkohol trägt das seine dazu bei und fördert die Aufnahme der Phenole vom Darm aus ins Blut.

Wein passt zum Essen. Nicht nur geschmacklich, sondern auch gesundheitlich.

Der Morgen danach – der Kater

Wenn Sie dieses Wort fehlerfrei und laut vor sich aufsagen können, haben Sie keinen Kater: Acetylsalizylsäure. Klappt es nicht? Dann sollten Sie den Wirkstoff lieber zu sich nehmen als ihn auszusprechen. Hinter Acetylsalizylsäure verbirgt sich Aspirin oder ASS. Schon die alten Griechen wussten, dass mit Weidenbaumrinde Fieber gesenkt werden kann. Und hinter der Weidenbaumrinde steckt die Salizylsäure, die später zur Acetylsalizylsäure verbessert wurde.

Haben Sie viel Wein getrunken, so beugen Sie dem Kater am besten vor, indem Sie vor dem Zubettgehen eine Tablette nehmen. Am nächsten Tag könnte Ihr Magen nicht mehr in der Lage sein, sie zu verarbeiten und dann helfen eventuell nur noch Brausetabletten. Wenn Sie wollen, können Sie natürlich auch saure Heringe essen. Wissenschaftlich bewiesen ist deren Wirkung nicht, aber wenn Sie nur fest genug daran glauben, hilft es ja vielleicht!

Für den Fall der Fälle: Wirkungsvoller als alle Hausmittel.

Als Weinkenner konfrontiert mit einem Weinfehler

Ab und an ist das kriminalistische Gespür eines Weinkenners gefragt, nämlich dann, wenn mit einem Wein etwas nicht stimmt. In solchen Momenten sind echte Spürnasen nötig, denn es gilt herauszufinden, wer wo was „verbrochen" hat. Im Folgenden werden die am häufigsten auftretenden Fehltöne gelistet und erklärt, welches „Verbrechen" am Wein dahintersteckt.

Schal oder ranzig

Dieser Wein hat zu tief Luft geholt. Fachlich ausgedrückt bedeutet das, der Wein ist oxidiert. In diesen Fällen findet sich manchmal auch ein unangenehmes Walnuss-Aroma im Wein oder er erinnert an Madeira, was nur dann in Ordnung ist, wenn es sich auch tatsächlich um Madeira handelt. Was ist hier passiert? Entweder ist der Wein ganz einfach zu alt und hat deswegen durch den Korken – der vielleicht undicht war – zu viel Luft aufgenommen, oder der Winzer sparte am falschen Ende, nämlich beim Schwefel, der im Normalfall die Oxidation verhindert. Ist davon zu wenig im Wein, hat der Sauerstoff freie Hand.

Modrig oder schimmlig

Der bei vorherigen Abenden so wunderbare Wein riecht, als hielten Sie feuchte Erde in Händen? Und als wäre diese auch noch schimmlig? Ab in den Ausguss damit, dieser Wein ist nicht mehr zu retten. Der Grund dafür ist unappetitlich: Der Winzer hat unhygienisch gearbeitet. Leer stehende Fässer müssen mit Wasser und Natriumcarbonat gesäubert werden, sonst bilden sich Schimmelkulturen, die ihre Geschmacksnoten später freizügig an den Wein abgeben. Kennen Sie den Erzeuger des Weins persönlich, sollten Sie ihm ruhig die Leviten lesen. Dieser Fehler – bekannt als Fasston – muss nun wirklich nicht sein!

Gerüche, die Sie hoffentlich niemals im Wein antreffen!

Uhu-Kleber oder Nagellackentferner

Seien Sie beruhigt, im Wein hat niemand seinen hart gewordenen Kleber entsorgt und der Winzerin ist auch nicht versehentlich ihr Nagellackentferner in den Tank gefallen. Lässt ein Winzer seinen Wein zu schnell und bei zu hohen Temperaturen vergären, entsteht Essigsäure. Bei Weißweinen ist dieser Duft – auch als flüchtige Säure bekannt – ein klarer Fehlton. Bei Rotweinen kann er dagegen durchaus beabsichtigt sein. Einige Winzer glauben, dass dieser Ton zur Komplexität des Weins beiträgt. Ob Sie das ebenso sehen, müssen Sie und Ihre Geschmacksnerven selbst entscheiden.

Sauerkraut, Molke oder Käse

Chilenische Winzer behaupten gerne, die Eukalyptusaromen in einigen ihrer Weine stammten von den Eukalyptusbäumen, die nahe der Weinberge stehen. Ein wissenschaftlicher Beweis steht noch aus, und so wird dies aller Wahrscheinlichkeit nach für immer bleiben. Hinsichtlich des Sauerkrauttons, der in einigen Weinen zu finden ist, würde diese Argumentation darauf schließen lassen, dass Kohl in der Nähe gepflanzt wurde. Und bei Molke, dass ein paar Kühe friedlich – aber deutlich zu nah am Wein – auf der Weide grasten. Das wäre alles noch erträglich. Aber was würde dies hinsichtlich Weinbergen nahe Autobahnen bedeuten oder solchen in direkter Nachbarschaft zu Gerbereien? Wie Sie sich schon denken können, rührt der Fehler von ganz anderer Seite her. Auch hier hat der Winzer den Wein nicht genug geschwefelt. Er war sogar so sparsam, dass die Milchsäurebakterien nicht abgetötet wurden und munter weiter aktiv sind. Einen kleinen Hauch dieses Tons kann man noch akzeptieren, wenn jedoch keine Frucht mehr im Wein zu riechen ist, hätte dieser Wein nicht auf den Markt gedurft. Ihnen bleibt leider nur noch das Wegschütten.

Abbrennende Streichhölzer oder Schwefel

Hier hat es ein Winzer zu gut gemeint, und ist gleich auf Nummer „Ganz-besonders-sicher" gegangen. Mit einer gehörigen Portion Schwefel wurden restlos alle Bakterien abgetötet und der Wein vor schneller Alterung bewahrt. Nur leider lohnt dieser Wein nun die Alterung nicht mehr. Dieser Fehler tritt meist bei Weißweinen auf und ist leicht ein wenig zu lindern: Lassen Sie den Tropfen einfach etwas offen stehen, dann verflüchtigt sich eine Menge des unangenehmen Duftes. Bei jungen Weinen kann dieser Ton sehr dominant sein, er verschwindet jedoch nach spätestens einem Jahr. Wenn er allerdings dann immer noch dominiert, muss von einem Weinfehler gesprochen werden.

Dumpf oder korkig

Dieser Fehlton stellt Weindetektive vor eine schwere Aufgabe. Hat man ihn einmal im Gedächtnis gespeichert, ist er immer wieder zu erkennen. Kennt man ihn jedoch noch nicht, so ist er schwer zu beschreiben. Dieser Umstand führt dazu, dass viele der so genannten Korkschmecker nicht erkannt werden. Bei vielen Tropfen wissen Genießer nicht, welches Bukett diese hätten, wenn sie keinen Fehler aufwiesen. Das Aroma wird dann als zwar eigenartig, aber als wohl typisch für diesen speziellen Wein gedeutet.

Falls ein Wein wenig Frucht- oder Blumenaromen aufweist oder diese wie unter einem Schleier wirken, sollten Sie aufmerksam werden. Ist der Wein dann auch im Mund wenig expressiv, schauen Sie sich einmal den Korken genau an. Bei dieser Spurensicherung könnten Sie darauf stoßen, dass sich an der feuchten Seite des Korkens, wenn Sie diese ein wenig auseinanderbrechen, schwarze Schimmelflecken befinden. Außerdem könnte der Korken denselben merkwürdigen Geruch aufweisen wie der Wein. Gefasst! Der Winzer kann für diesen Fehler herzlich wenig, es sei denn, er hat billige Korken gekauft. Aber selbst teure Korken sind nicht sicher. Schätzungen gehen davon aus, dass jeder dreißigste Wein Kork hat!

Seit geraumer Zeit plädieren Weingenießer dafür, alle Weine, die nicht länger als fünf Jahre altern sollen, mit anderen Varianten wie Kronkorken, Schraubverschlüssen oder Plastikkorken zu verschließen. Weinproduzenten argumentieren dann immer, der Kunde würde dies nicht akzeptieren. Zeigen Sie, dass dem nicht so ist! Lieber ein bisschen weniger Nostalgie, aber dafür einen untadeligen Wein und einen netten Abend mit Genuss und ohne böse Überraschung.

Glossar

Abgang
Auch Schwänzle genannt. Das, was bleibt, wenn der Wein geschluckt ist. Je besser der Wein, desto länger und gelungener der Abgang. Die Franzosen haben dafür sogar eine Maßeinheit: Caudalie.

Ausbau
Bezeichnet nur, wie oder genauer: worin der Wein reift. Also ob im großen Holzfass, im kleinen (Barrique), das noch viele Toastaromen abgibt, oder im Stahltank. Plastik- und Betontanks sind heute nur noch selten anzutreffen.

Barrique
Ein kleines Holzfass, das 225 Liter fasst. Früher beinahe nur in Bordeaux gebraucht, werden heute fast alle großen Rotweine und auch die meisten bedeutenden Weißweine in ihm ausgebaut. Der Wein erhält dadurch Gerbstoffe, die ihn besser altern lassen, und außerdem zusätzliche Bukettaromen wie Vanille, Nüsse und Rauchtöne.

Bodega
Der spanische Name für eine Weinkellerei.

Bukett
Auch Bouquet geschrieben, meint nichts anderes als die Nase des Weins, also wie er duftet. Manche nennen nur das Aroma eines gereiften Weines Bukett, aber dies hat sich in Deutschland nicht durchgesetzt.

BSA
Der „Biologische Säure-Abbau" bezeichnet die malolaktische Gärung, bei der Apfelsäure durch Bakterien in weiche Milchsäure umgewandelt wird. Ein Winzer kann dies zum Beispiel durch Erwärmen des neuen Weins herbeiführen.

Cave
Die französische Bezeichnung für Keller.

Chateau
Die französische Bezeichnung für Schloss, im Bordeaux auch für Weingüter allgemein.

Cuvée
Dieser Name kommt vom französischen Begriff für eine Bütte (cuve). Er meint das Verschneiden verschiedener Grundweine. Aber auch der beim Keltern zuerst ablaufende und hochwertigste Most wird mit diesem Begriff bezeichnet.

Domaine
Die französische Bezeichnung für Weingüter, vor allem im Burgund anzutreffen.

Erzeugerabfüllung
Ein Wein, den ein Betrieb ausschließlich aus eigenem Lesegut hergestellt hat. In Deutschland sind meist nur einfache Weine keine Erzeugerabfüllungen. In Spanien dagegen ist es üblich, die Trauben bei Bauern aufzukaufen. Hier ist Erzeugerabfüllung also noch kein Qualitätsmerkmal – es wird aber immer mehr zu einem.

Extrakt
Extrakt bezeichnet die Inhaltsstoffe eines Weins, die nach dem Verdunsten des Wassers übrig bleiben würden. Also unter anderem Mineralien und Zucker.

Fuder
Ein Tausendliterfass. Dieser Begriff ist nur in Deutschland üblich.

Gerbstoff
Auch Gerbsäure oder Tannin. Gerbstoff stammt aus den Beerenhäuten, Kerngehäusen und Stielen sowie vom Holzfass, in dem der Wein gärt oder lagert. Er schmeckt bitter, und in jungen Jahren manchmal hart. Mit dem Alter wird er jedoch weicher und hilft, den Wein haltbar zu machen.

Neue Welt
Sammelbezeichnung für die Weinbaunationen Australien, Südafrika, USA und die Reben anbauenden Länder Südamerikas wie zum Beispiel Chile oder Argentinien.

Kirchenfenster
Wenn Sie den Wein im Glas schwenken, laufen danach Tropfen an der Seite herab. Entstehen dadurch „Kirchenfenster" ist der Wein sehr extraktreich, was auf hohe Qualität deutet.

Körper
Alkohol und Extrakt eines Weins.

Mousse
Der feine Schaum beim Schaumwein, sowohl im Glas wie auch auf der Zunge.

Oechsle
Die deutsche Maßeinheit für das Mostgewicht, also den Zuckergehalt der Trauben. Er wird gemessen in Öchslegrad. Je höher dieser, desto reifer das Traubenmaterial.

Reblaus
Ein Schädling, der aus Amerika stammt und im 19. Jahrhundert nach Europa eingeschleppt wurde, wo er Millionen Hektar Rebbestand vernichtete. Das mit lateinischem Namen Phylloxera vastatrix bezeichnete Insekt greift die Wurzeln der Reben an.

Schwefel
Fast alle Weine sind geschwefelt, um unerwünschte Keime zu vernichten.

Weinstein
Bildet sich manchmal am Flaschenboden und beeinträchtigt den Weingenuss in keiner Weise. Bei den kleinen weißen Kristallen handelt es sich um Kaliumsalz, eine Ausfällung der Weinsäure.

Criança
Protos
Mestres

Autor | Mitwirkende

Der Autor bei einer Weinverkostung.

Carsten Henn

Carsten Henn, geboren 1973, ist einer der „Jungen Wilden“ unter Deutschlands Weinjournalisten. Seit Jahren schreibt er für diverse nationale und internationale Fachmagazine und sitzt in den Jurys wichtiger Weinpreise. Daneben ist Carsten Henn auch ein viel beschäftigter Seminarleiter zum Thema Wein. Seine regelmäßigen Reisen zu den wichtigsten Weinregionen der Welt führten ihn auch nach Australien, wo er ein Semester an der Adelaider Weinbauschule studierte. Journalismus und Literatur vereinte Carsten Henn mit seinem Weinkrimi „In Vino Veritas“. Der äußerst erfolgreiche Roman spielt im Anbaugebiet Ahr. Carsten Henn ist Mitglied in der „Fédération Internationale des Journalistes et Ecrivains des Vins et Spiritueux“ (FIJEV).

Jo Kirchherr

Jo Kirchherr, geboren 1965 in Calw/Schwarzwald, arbeitet seit 1995 als freier Fotograf in Köln. Er ist in den Bereichen Food, Beauty, People für verschiedene Verlage und in der Werbung tätig. Außerdem bereiste er mehrfach Südamerika, Südostasien und die USA.

Anton van Doremalen

Anton van Doremalen, geboren 1963 in Eindhoven, arbeitete neben seiner Ausbildung zum Lehrer der Kunst und Kunstgeschichte in verschiedenen Restaurants in Holland und Norwegen als Koch. Seit nunmehr 12 Jahren ist er als Foodstylist, u. a. für Coca-Cola, Nestlé und Iglo, tätig.

Danksagung

Der Verlag dankt für freundliche Mithilfe und Unterstützung, auch all jenen Personen und Institutionen, die bei der Realisierung dieses Buches mithalfen, ohne namentlich bekannt zu sein.

Elke Hinnenkamp, Köln, für Ihre Modell-Tätigkeit.

Für die tatkräftige Unterstützung bei der Suche nach Fotos und für die Bereitstellung von Fotos:
Bürkle, Hans / Nierstein; C.I.V.C., Epernay; Congress- und Tourismus-Zentrale Nürnberg, Verkehrsverein Nürnberg e.V.; Deutsches Weininstitut; Finger, Horst; Fradera, Ursula von der Deutschen Weinakademie GmbH; Huber, Georg, Freiburg; Informationsbüro Rueda; Italienische Handelskammer, Frankfurt/Main; Österreichisches Weinmarketing; Schloss Johannisberg, Geisenheim; Schneider, Anna, CNR; Sopexa, Düsseldorf; Spain Gourmetour, BCEX, Madrid; Terra Reisen, Salzburg; Tourismus & Service GmbH, Bad Neuenahr-Ahrweiler; Wein Wolf, Bonn; Weingut Horst Sauer, Escherndorf; Weinland Ariane Abayan, Hamburg; Wine & Partners, Wien; Wine Institute of California

Der Autor dankt im Besonderen Ginette und Matthias De Fleuriot, Peter Gebler, Stefanie Henn und Gerd Henn.

Bildnachweis

Alle Fotografien von Jo Kirchherr mit Ausnahme von:

Bürkle, Hans, Nierstein: 33 (o.)
C.I.V.C., Epernay: 26 (l.), 52 (l.), 71 (kl. Foto), 72 (l.), 73 (o.)
CNR, Ist. Virologia Vegetale-Viticoltura: 52 (r.), 72 (r.)
Congress- und Tourismus-Zentrale Nürnberg, Verkehrsverein Nürnberg e.V.: Kowatsch 51 (kl. Foto)
ditter.bild: Abel 59 (m.), 73 (u.); Schulzki 22, 74; Stempell 20 (l.), 28 (kl. Foto), 37, 38 (r.), 39 (m.),40, 45 (kl. Foto), 48, 54, 59 (u.), 60, 66, 84, 88 (u.), 93
DWI: 31 (kl. Foto)
Finger, Horst: 21 (m.), 39 (o.)
Henn, Carsten: 27 (m.), 57 (kl. Foto), 65 (u.), 94
Huber, Georg, Freiburg: 32 (r.)
Informationsbüro Rueda: 21 (u.)
Koch, M., Hamburg: 19 (kl. Foto)
ÖWM: Faber 33 (u.); Lantschbauer 27 (u.); Oberleitner 20 (m.), 26 (m. und r.), 32 (r.), 38 (m.), 46 (m.), 58 (m.)
Schloss Johannisberg: 24 (kl Foto)
Sopexa: 20 (l.), 27 (o.), 32 (m.), 33 (m.), 38 (l.), 39 (u.), 46 (l.), 47 (o.), 52 (m.), 53 (m.), 58 (l. und r.), 59 (o.), 64 (m. und l.); Marc de Tienda 88 (o.)
Spain Gourmetour, BCEX, Madrid: 47 (u.), 64 (l.), 65 (o.), 72 (m.), 73 (m.)
Terra Reisen / Salzburg: 21 (o.)
Tourismus & Service GmbH, Bad Neuenahr-Ahrweiler: Bouvet 53 (o.)
Weinland Ariane Abayan GmbH & Co. KG: 53 (u.)
Wine & Partners: Faber 63 (kl. Foto); Lehmann 65 (m.)
Wine Institute of California, www.california-wine.org: 46 (r.), 47 (m.)

Legende: l. = links; m. = mitte; o. = oben; r. = rechts; u. = unten

Register